ALZHEIMER

Thérapie comportementale et art-thérapie en institution

Préface de Huguette Drera
Postface de Bertrand Samuel-Lajeunesse

Collection Psycho-Logiques
dirigée par Philippe Brenot et Alain Brun

Sans exclusives ni frontières, les logiques président au fonctionnement psychique comme à la vie relationnelle. Toutes les pratiques, toutes les écoles ont leur place dans Psycho-Logiques.

Dernières parutions

Nathalie TAUZIA, *Rire contre la démence : essai d'une théorie par le rire dans un groupe de déments séniles de type Alzheimer*, 2002
Magdolna MERAI, *Grands-parents, charmeurs d'enfants : étude des mécanismes transgénérationnels de la maltraitance*, 2002.
Catherine ZITTOUN, *Temps du sida, une approche phénoménologique*, 2002.
Michel LANDRY, *L'état dangereux*, 2002.
Denis TOUTENU et Daniel SETTELEN, *L'affaire Romand : le narcissisme criminel*, 2003.
Véronique PIATON-HALLE, *Figures et destins du Père Noël*, 2003
Alexis ROSENBAUM, *Regards imaginaires, Essais préliminaires à une écologie visuelle*, 2003.

Henryka Katia Lesniewska

ALZHEIMER

Thérapie comportementale et art-thérapie en institution

Préface de Huguette Drera
Postface de Bertrand Samuel-Lajeunesse

L'Harmattan
5-7, rue de l'École-Polytechnique
75005 Paris
FRANCE

L'Harmattan Hongrie
Hargita u. 3
1026 Budapest
HONGRIE

L'Harmattan Italia
Via Bava, 37
10214 Torino
ITALIE

© L'Harmattan, 2003
ISBN : 2-7475-4077-4

REMERCIEMENTS

À mon ami REOUVEN, pour son soutien et ses encouragements, ses conseils et sa patience face à mes difficultés en français ;

À mes patients, pour leur courage, leur fidèle attachement et leur participation assidue aux ateliers thérapeutiques ;

À Béatrice BRUNEL, animatrice de l'hôpital, pour son aide, son dynamisme et sa créativité dans la mise en place de l'animation ;

À Michèle BATUT-BOUVELLE, Pierrette LORTET et Sophie RAVAL, secrétaires médicales, pour le soin qu'elles ont apporté à mon manuscrit ;

À Anne KLOTZ, Suzanne HARLEW et Eric JANTZEN pour leurs suggestions précieuses concernant le contenu de ce livre ;

Au Docteur BARBOUX, sans lequel nos ateliers thérapeutiques n'auraient pu voir le jour.

PREFACE

Huguette Drera[1]

L'approche, dans ce livre, des thérapies comportementales et tout particulièrement, de l'art-thérapie (désignant par ce terme l'utilisation de moyens d'expression artistique à des fins psychothérapeutiques), a des ambitions qui ne peuvent laisser insensible le lecteur.

Les outils décrits permettent une approche pluridisciplinaire des malades, s'inscrivant dans une méthode « de stimulation sensorielle, sensori-motrice et sensori-affective », mais aussi dans cette dimension humaine indispensable pour conserver une qualité de vie.

Les termes esthétiques, humour, capacité de rire, plaisir... jalonnent cet ouvrage rappelant des notions trop fréquemment oubliées dans nos institutions gériatriques. On trouvera ici tous les ingrédients de la théorie générale des systèmes de communication et des concepts pratiques qui en découlent ... Nantie d'une sensibilité artistique et d'une compétence de psychologue, Madame LESNIEWSKA saisit la moindre petite bribe de ce qui existe encore chez nos malades pour mieux la développer et les encourager à persévérer et à exploiter leurs facultés saines.

Comme toujours dans le domaine de la psychothérapie, il s'agit à la fois de technique mais surtout de savoir-faire. Dire que l'animation joue un rôle important, fait partie intégrante

---

[1] Présidente de l'Union Nationale des Associations France Alzheimer

de la prise en charge psychologique du patient, et la considérer comme un soin, est une démarche innovante encore aujourd'hui.

La lecture du livre de Madame LESNIEWSKA, nous montre avec rigueur, combien la thérapie des patients déments en institution gériatrique avait besoin de cette exigence pour s'adapter à sa spécificité située à la lisière bien souvent de la psychiatrie et la gériatrie.

En France, où l'ancienneté de nos institutions reste encore bien présente, il y a encore beaucoup de réticences à soulever pour faire évoluer les mentalités et les prises en charge de nos malades Alzheimer.

Le respect de la vie humaine est une valeur fondamentale de notre univers moral. Travailler avec nos malades est l'occasion pour chacun de nous de grandir ensemble, de partager un peu de leur intimité…

C'est aussi l'occasion de nous enseigner que rien ne doit jamais ôter sa dignité à l'homme, qu'il soit malade ou qu'il soit bien portant.

INTRODUCTION

Les experts nous prédisent un vieillissement de la population française, avec, à l'horizon de l'année 2015, vingt-quatre millions de personnes âgées de plus de 50 ans, c'est-à-dire environ 40% de la population (Forette, 1997). Or, cette irruption du grand âge favorise le développement des états démentiels. Les données françaises (Dartigues, 1991) prévoient qu'environ 5% des personnes de plus de 65 ans seront atteintes de détériorations intellectuelles, et, à partir de 80 ans, le pourcentage s'élève à 20%.

La désorganisation progressive des conduites intellectuelles, émotionnelles et sociales est telle que le patient qui atteint un stade avancé de la maladie, n'est plus supporté par son entourage. Ainsi, une bonne partie des personnes démentes se retrouve, un jour, placée en service de long séjour. L'institution, « symbole d'ennui » (Huguet, 1983, Bouisson et al., 2000), « cimetière intellectuel » (Ploton, 1995), va alors augmenter les troubles démentiels à cause des effets iatrogènes de l'environnement que sont l'appauvrissement et la monotonie des stimulations sensorielles et sociales.

Les thérapies proposées dans ce livre s'adressent donc à ces patients atteints de détérioration cognitive sévère, placés en institution gériatrique : nous souhaitons mettre l'accent sur les processus de réparation et les capacités restantes des patients plutôt que sur les dégâts et les troubles cognitifs et comportementaux qui sont, eux, suffisamment connus. Comme Cyrulnik, nous pouvons dire que «... les blessés de l'âme veulent s'en sortir. Trop souvent, la culture qui devrait les protéger, les agresse au nom de la morale. (...) et les menace du plus sombre destin ». (1999, p. 26). En effet, contrairement à l'image négative, voire catastrophique du dément, véhiculée par les médias, nous pouvons dire aujourd'hui, grâce à notre expérience de 18 années passées auprès de ces malades, qu'une *amélioration des troubles cognitifs et comportementaux ainsi que de la qualité de vie, est possible*, à condition de ne pas laisser « l'évolution naturelle » de la maladie s'installer. Malgré des troubles des fonctions supérieures, la personne démente garde des possibilités sensorielles, ludiques et émotionnelles, préservées de façon surprenante. Des relations affectives et d'attachement, le sens de l'humour et la capacité de rire, ainsi que de jugement esthétique adapté, s'avèrent fréquents, voire quotidiens, si l'on met le malade dans des situations favorisant ces réactions.

Le personnel non formé la plupart du temps, se trouvant en long séjour, parfois par hasard ou par mutation disciplinaire, n'est pas en mesure d'aider ces patients. Il est d'ailleurs incompréhensible que les soignants travaillant dans une institution gériatrique, évoluant vers l'accueil massif de malades psychiatriques et de patients déments très dépendants, n'aient aucune connaissance de la personne âgée et encore moins des maladies démentielles.

Nous nous adressons donc aux psychologues, gériatres, art-thérapeutes, mais aussi aux médecins et soignants, à tous ceux qui devront un jour travailler en institution gériatrique, dans le but de leur faire partager notre expérience positive diversifiée, à travers une psychothérapie plurielle et différents ateliers thérapeutiques.

Notre ambition est de constituer un ouvrage essentiellement pratique, presque technique, permettant au soignant de faire connaissance non seulement avec les aspects organisationnels et matériels mais aussi de constater que les résultats thérapeutiques sont possibles et fréquents.

Nous avons élaboré progressivement notre méthode, associant les divers types d'approches psychothérapeutiques. Ce type de thérapies intégratives est déjà utilisé avec succès pour d'autres populations comme celles des patients-limites, boulimiques et anorexiques (Marie-Cardine et al., 1994 ; Criquillon-Doublet, 1998 ; Delourme, 2001).

Notre approche personnelle est le fruit d'une quadruple formation : d'universitaire, de psychologue clinicienne, de chercheur et d'art-thérapeute. Notre pratique artistique date de l'enfance (peinture, danse, piano). Cependant, il est évident que dans la plupart des cas, ce type d'approche plurifactorielle exige la collaboration d'intervenants de diverses origines : comportementalistes, art-thérapeutes, artistes, animateurs…

Le livre comporte trois parties. La première présente des données générales sur la démence et les différentes approches psychothérapiques. La deuxième concerne la description du service de long séjour. La troisième détaille l'organisation, le déroulement et les résultats des différents ateliers thérapeutiques : atelier de mémoire, musicothérapie, danse-thérapie et d'art-thérapie (chaque atelier étant illustré concrètement par une observation clinique). Ces ateliers représentent nos principaux centres d'intérêt de ces dix dernières années.

À la fin de l'ouvrage nous présentons une étude de cas : le déroulement détaillé de la psychothérapie intégrative d'une patiente atteinte de démence sévère qui a participé à tous les ateliers thérapeutiques.

PREMIERE PARTIE

PSYCHOTHERAPIES DES DEMENCES

CHAPITRE 1

SEMIOLOGIE ET EPIDEMIOLOGIE DES DEMENCES

Selon la distinction du DSM-IV (American Psychiatric Association, 1994), il existe plusieurs types de démences : démence d'Alzheimer, démence vasculaire, démence due à d'autres affections médicales générales (comme le VIH, le traumatisme crânien, la maladie de Parkinson...), démence persistante induite par une substance (alcool, sédatifs...) et démence due à des étiologies multiples. Toutefois la maladie d'Alzheimer étant la cause la plus courante de démence (50 à 60% des cas de démence), nous présenterons ici sa définition.

Définition de la démence d'Alzheimer

Selon le DSM-IV il s'agit de :

A. Apparition de déficits cognitifs multiples, comme en témoignent à la fois :

1/ une altération de la mémoire.

2/ une (ou plusieurs) perturbations cognitives suivantes :
   a. aphasie (perturbation du langage)
   b. apraxie (altération de la capacité à réaliser une activité motrice malgré des fonctions motrices intactes)
   c. agnosie (impossibilité de reconnaître ou d'identifier des objets malgré des fonctions sensorielles intactes)

d. perturbation des fonctions exécutives (faire des projets, organiser, ordonner dans le temps, avoir une pensée abstraite)

B. Les déficits cognitifs mentionnés en 1 / et 2/ sont tous les deux à l'origine d'une altération significative du fonctionnement social ou professionnel et représentent un déclin significatif par rapport au niveau de fonctionnement antérieur.

C. L'évolution est caractérisée par un début progressif et un déclin cognitif continu.

En dehors de la détérioration des fonctions supérieures décrites ci-dessus, les symptômes non cognitifs spécifiques ci-dessous sont très fréquents et augmentent avec l'aggravation du déficit cognitif.

Selon Micas et al. (1997), ces symptômes non-cognitifs peuvent être divisés en cinq catégories :
a. troubles du comportement (déambulations, agressivité, apathie)
b. troubles de l'humeur (dépression, anxiété)
c. troubles « psychotiques » (idées délirantes, hallucinations, troubles d'identification)
d. troubles végétatifs (anorexie ou gloutonnerie, troubles du sommeil avec somnolence diurne ou réveils nocturnes, incontinence)
e. troubles fonctionnels (troubles de l'habillage, de la toilette, de l'alimentation).

90% des patients atteints de la maladie d'Alzheimer présentent des troubles du comportement, dont l'*apathie* représente le comportement le plus fréquent (72%), augmentant au cours de l'aggravation de la maladie. Selon certains auteurs (Marin, 1991, Derouesne et al., 1999, Thomas et al., 2000) l'apathie pourrait être considérée comme symptôme majeur des démences. Cet état peut être comparé en mécanique à un problème de « starter » : le patient ne prend aucune initiative, même pour les gestes les plus simples de la vie quotidienne (débuter sa toilette, se mettre à table, porter les aliments à sa bouche), d'où le rôle capital de la stimulation pour initier des gestes de la vie quotidienne.

Un autre symptôme non cognitif, la *dépression*, est trouvé dans 40% des cas, surtout au début de la maladie (Mega et al. 1996). La coexistence d'une dépression et d'une maladie d'Alzheimer pourrait augmenter les difficultés d'un patient à effectuer certaines activités de la vie quotidienne et augmenter ses troubles cognitifs et comportementaux. Cela nécessite un traitement précoce de la dépression chez les déments.

L'étiologie des *déambulations*, le besoin de marcher propre aux déments, est complexe (Coons, 1988, Levesque et al., 1990). Il s'agit de troubles du comportement gênant les aidants, les risques d'accidents étant élevés. Leur fréquence est grande et augmente avec l'ennui, l'anxiété et la tristesse (Micas, 1999).

Epidémiologie

La démence représente actuellement un problème majeur de santé publique en raison de sa fréquence et de sa gravité : entre 10% et 20% de la population âgée de plus de 65 ans est atteinte de l'ensemble des démences, et 6% est atteinte de la maladie d'Alzheimer (MA). Tous les spécialistes s'accordent pour dire que la MA frappe actuellement 350 000 personnes en France et que ces chiffres doubleront en 20 ans pour passer à 800 000 dans notre pays.

Données neurophysiologiques

Depuis les années 65, les progrès des neurosciences ont permis des avancées importantes dans les connaissances physiopathologiques de la MA. Les critères neuropathologiques de base sont deux types de lésions au niveau du cerveau, observables au microscope : la *plaque sénile*, constituée d'une protéine amyloïde qui se dépose sur le cerveau et entraîne une mort neuronale progressive et la *dégénérescence neurofibrilaire*, constituée d'une protéine TAU, présente en trop grande quantité, qui se répand progressivement et envahit, à la fin, l'ensemble du cortex.

Thérapeutique de la maladie d'Alzheimer

Actuellement, quatre médicaments ont obtenu leur autorisation de mise sur le marché : le Cognex (tacrine), l'Aricept (donépézil), l'Exelon (rivastigmine), et Reminyl (galantamine). Le recours à ces médicaments doit être systématique dès que le diagnostic est posé et que le score au *Mini Mental State* (Folstein, 1975) se situe entre 10 et 26. Le but de cette approche pharmacologique, symptomatique, est de ralentir la perte d'autonomie, de retarder le déclin des fonctions cognitives et de diminuer les troubles psycho-comportementaux, donc de retarder l'institutionnalisation et améliorer la qualité de vie du malade et de l'accompagnant.

Par ailleurs, les recherches actuelles s'orientent vers le vaccin thérapeutique : depuis octobre 2001, une centaine de patients atteints de la maladie d'Alzheimer débutante ont reçu le vaccin synthétique, réalisé à partir d'un extrait de plaques amyloïdes. Si les résultats présentés en juillet 2000 apparurent suffisamment prometteurs pour que des essais vaccinaux soient lancés, la campagne expérimentale a été suspendue au début de l'année 2002 suite à la découverte de plusieurs cas de méningite chez des patients vaccinés.

CHAPITRE 2

DIFFERENTES APPROCHES DES DEMENCES

En France, le terme « psychothérapies des démences » qui choque encore certains milieux apparaît officiellement pour la première fois en 1994, lors du Ier colloque « Psychothérapies des Démences », organisé à l'Université Louis Pasteur à Strasbourg. Pour les organisateurs de ce colloque, il ne fait aucun doute qu'il existe «... une réalité de la dimension psychothérapique dans la prise en soin des personnes démentes, des rapports d'intrication du psychique, du corporel et du biologique » (Grosclaude, 1997, p. XIV). Dans les pays anglo-saxons, le terme de psychothérapie apparaît plus tôt (Charatan, 1986, Haggerty, 1990, Thompson et al., 1991, Solomon et al. 1992) et l'intérêt que portent les psychothérapeutes aux démences est plus vigoureux.

Ylieff (2000) distingue trois types de prise en charge du patient dément :

L'approche médicale (organogénétique), adoptée par les généralistes et les neurologues, utilisant les moyens pharmacologiques pour atténuer les troubles gênants du patient ;

L'approche relationnelle (psychogénétique), proposée par des psychiatres et psychologues, s'inspirant des théories analytiques, systémiques ou humanistes dans le but de réanimer le travail psychique du sujet par la communication, l'écoute et le dialogue (Maisondieu, 1989, Ploton, 1995) ;

L'approche réadaptative, développée par des psychologues et des ergothérapeutes qui envisage l'étude, l'analyse et le traitement des troubles cognitifs, des conduites déficitaires, des perturbations comportementales et de l'humeur, en rapport avec la maladie, mais aussi en réaction à l'environnement, l'entourage familial et soignant (Ylieff, 1989, Van Der Linden, 1994).

Selon Van Der Linden et al. (1998), il existe quatre approches rééducatives dans le domaine de la démence :
1. Reminiscence Therapy (Bornat, 1994)
2. Behavior Therapy (Ylieff, 1989, Saillon et al. 1988, 1992, Rivière 1999)
3. Reality Orientation (Taulbee et al., 1966, Metitieri et al., 2001)
4. Approche cognitive des troubles mnésiques (Van der Linden, 1994, De Rotrou, 1999).

Parmi la multiplicité des interventions sur la démence, présentées par Ploton (1995) et Wertheimer (1995), nous avons distingué deux grands types d'approche des troubles démentiels : l'approche comportementalo-cognitive et l'approche artistique médiatisée.

A. L'approche comportementalo-cognitive

« Elle est centrée sur les symptômes, les patients et leur environnement plutôt que sur la seule relation thérapeutique qui n'est qu'un support au changement. Cette approche pragmatique est sous-tendue par des études empiriques, l'évaluation et l'analyse fonctionnelle, les protocoles sur des cas individuels et de groupe » (Rivière, 1999, p. 213).

Nous allons diviser ces approches en deux groupes : l'un visant la démence débutante et l'autre, la démence sévère (en institution).

- Thérapie cognitivo-comportementale de *démence débutante*

Plusieurs auteurs comportementalistes démontrent l'efficacité des stratégies comportementales dans la prise en charge des patients déments en dehors de l'institution (Adam et al., 1999). Certains auteurs (Myers-Arrazola et al., 1995) distinguent la réhabilitation neuropsychologique, qui vise le maintien des capacités restantes, et la rééducation de la mémoire et du langage (Van Der Linden, 1995, De Rotrou, 1999), de la psychothérapie, qui vise la diminution des troubles de l'humeur (Teri et al., 1991a, b, Myers-Arrazola, 1998, Logsdon, 1997). La thérapie cognitivo-comportementale consiste à effectuer au départ un bilan neuropsychologique qui apporte des données sur les déficits mais aussi sur les capacités restantes du patient, puis en l'utilisation des stratégies de résolution de problèmes concrets et actuels, de la reprise d'activités agréables ainsi que de restructuration cognitive adaptées aux troubles intellectuels du patient.

- **Thérapies comportementales de *démence sévère***

Ylieff (1999) regroupe les problèmes posés par la prise en charge des patients déments sévères en 4 grands thèmes :
1. Aménagement de l'environnement physique (lieu de vie), pour réduire les risques liés aux déficiences locomotrices, sensorielles ou cognitives.
2. Interventions au niveau du milieu social pour favoriser l'indépendance du patient (modification de l'organisation des soins par l'entourage familial ou les soignants).
3. Traitement des déficits dans les activités de la vie quotidienne et soins personnels à partir des grilles d'évaluation. Ainsi Ylieff et al., (1988, 1994, 1995) ont proposé des programmes rééducatifs individualisés de l'autonomie (toilette, habillage, continence, orientation).

Par ailleurs, la désorientation temporospatiale a suscité le développement d'une thérapie appelée « L'orientation dans la réalité », (Taulbee et al., 1966) qui a pour objectif de réorienter les patients dans le temps et dans l'espace. Cette technique s'appuie sur la présentation d'informations répétitives sur le temps, le lieu, les personnes et comporte deux types d'intervention :
- orientation à la réalité continue sur une période de 24 heures : tout au long des actes quotidiens et de la conversation avec le dément, le soignant insère des informations sur le temps, le lieu, les personnes qui l'entourent ;

- les classes d'orientation à la réalité : elles se déroulent en petits groupes à raison de 3 à 5 séances hebdomadaires de 30 minutes, pendant lesquels les informations quant au temps, au lieu et aux personnes sont communiquées par un animateur (Holden et al., 1982).

Même si ces méthodes n'ont pas toujours d'effets précis sur la désorientation, l'effet psychosocial, tels la détente, le plaisir observé chez les malades est incontestable (Levesque et al., 1990). Des résultats récents, concernant cette approche, sont présentés par Metitieri et al., (2001).

4. Contrôle des troubles comportementaux comme l'errance, l'agressivité, et le bruit. (Praderas, et al., 1986, Lévesque et al., 1990, Doyle et al., 1997, Cohen-Mansfield et al., 1997).

D'autres approches comportementales visent une stimulation des fonctions cognitives en institution. Ainsi Lebert et al., (1999) présentent un programme d'entraînement aux conversations téléphoniques chez les résidents d'une maison de retraite, alors que Bourgeois (1993) propose l'utilisation d'aides externes (carnet de communication) pour compenser les troubles du langage chez les patients Alzheimer.

B. Les approches artistiques médiatisées

De nombreuses études démontrent l'intérêt des psychothérapies médiatisées dans l'approche de la personne démente. Parmi plusieurs techniques expérimentées, nous citerons la musicothérapie (Smith, 1990, Alridge, 1995), l' art-thérapie (Wald, 1983, Harlan, 1990) et la vidéo-thérapie (Laoubadia, 1987, Hall, 1997). Ces approches apportent une optimisation des fonctions cognitives, une diminution des troubles comportementaux et une valorisation narcissique, particulièrement importante dans cette maladie. Nous renvoyons le lecteur à la troisième partie de cet ouvrage pour la description de ces expériences.

CHAPITRE 3

NOTRE DEMARCHE : PSYCHOTHERAPIE INTEGRATIVE

Compte tenu du mode de vie en établissement gériatrique classique (dépendance institutionnelle, manque de distractions) et des particularités inhérentes aux patients âgés déments (passivité, troubles cognitifs), nous avons élaboré une stratégie thérapeutique multimodale. Elle consiste en la combinaison des techniques comportementales du type Lewinsohn, associées à la stimulation cognitive individuelle et en groupe, la modification de l'environnement physique et social et la participation aux ateliers thérapeutiques. En effet, la gestion du temps dans l'institution gériatrique où les patients déments vivent pendant des années est d'une importance primordiale. Selon H. Selye (1974), l'ennui engendre la maladie et la violence, l'absence de créativité accélère le vieillissement et l'apparition de troubles mentaux d'où l'intérêt de la théorie des activités ludiques et agréables de Lewinsohn (1973). Dans son modèle comportemental de la dépression, la fréquence de renforcements positifs et leur nature sociale interpersonnelle prennent une place centrale : l'absence de ces renforcements, dans l'environnement du sujet, serait le déterminant principal dans le développement et le maintien de la dépression. La thérapie proposée par Lewinsohn repose sur une restauration des renforcements positifs en programmant des activités agréables pour le patient et en diminuant le nombre d'évènements désagréables. Pour mesurer ces événements, il a construit « l'Echelle des Evénements Plaisants »

(Lewinsohn et al., 1973) adaptée aux personnes démentes par Teri (1991b) et comportant 53 items. Cette échelle a été abrégée par Logsdon et al. (1997) et comporte 20 items. Selon les résultats de ces auteurs, aussi bien la dépression que la baisse des fonctions cognitives coïncident avec la réduction des activités agréables chez les patients déments.

Objectifs de la prise en charge du dément en institution

Nos objectifs sont nombreux :
1. dépister une pseudo démence et la traiter précocement pour prévenir une détérioration rapide : selon Clément et al. (1995), il s'agit de dépister les sujets prédisposés et les sujets à risque (dépressifs, alexithymiques, en situation de stress majeur)
2. diminuer les symptômes dépressifs (pleurs, anhédonie, anorexie)
3. améliorer la qualité de vie, éviter l'ennui et la passivité institutionnels
4. prévenir et agir sur les comportements gênants (agressivité, fugues, errances)
5. favoriser l'utilisation optimale des facultés résiduelles et freiner la détérioration des fonctions déficitaires
6. préserver la dignité, renarcissiser.

Etapes de prise en charge

L'indication d'un traitement individuel ou en groupe, ainsi que le choix des techniques thérapeutiques sont proposés pour chaque patient, après une analyse fonctionnelle minutieuse, centrée sur le comportement-problème (troubles dépressifs, troubles du comportement, apathie) ainsi que sur des capacités restantes.

Comme nous l'avons déjà présenté (Lesniewska, 1996), il s'agit d'une approche multifactorielle, visant la prise en charge globale du patient et comportant plusieurs phases :

Phase A (1 à 3 séances)

Bilan des capacités restantes du patient ainsi que des troubles cognitifs et comportementaux, à travers des tests psychoneurologiques, comme M. M. S. (Folstein et al., 1975, Tzortzis et al., 1991) et A. D. A. S. (Rosen et al., 1984) et deux échelles : « Questionnaire de loisirs » (Lesniewska, 1993) et « l'Echelle d'Activités Agréables » (Teri, 1991b). Ce bilan conduit à une élaboration du planning hebdomadaire d'activités institutionnelles, en fonction des goûts et des possibilités du patient.

Phase B (4 à 6 séances)

Modification de l'environnement physique et social du patient et organisation d'un réseau de soutien (rapprochement spatial vers l'office des infirmières des patients anxieux ; transfert de voisin agité ; remplacement de la toilette dans la baignoire par la douche, établissement du planning des visites des membres de la famille ou des bénévoles en rapport avec les activités institutionnelles...).

Phase C (7 à 9 séances)

Stimulation cognitive individuelle (*Reality therapy*) ou en groupe (atelier de mémoire). Plusieurs démarches sont entreprises pour lutter contre les conséquences des déficits intellectuels en installant des repères temporels tels que : l'équipement de la chambre du patient avec un calendrier mural, une éphéméride, une horloge avec de gros chiffres. Pour renforcer l'identité du patient et sa mémoire, des photos des membres de sa famille avec leur prénom et leur date de naissance sont installées.

Phase D (10 à 15 séances)

Intégration aux ateliers thérapeutiques à visée cognitive. En fonction des goûts du patient et faisant suite à l'enquête sur ses loisirs passés, un atelier de musicothérapie, de danse ou d'art-thérapie lui sont alors proposés. Cette participation aux ateliers est illimitée dans le temps et dure souvent jusqu'au décès du patient.

Ces ateliers sont animés par nous-même et un animateur formé aux techniques de stimulation cognitive. Leur description ayant déjà été présenté dans nos publications antérieures (Lesniewska, 1990a, 1995, 1997, 2000) nous signalons seulement leur caractère cognitif, dynamisant, centré sur le rappel, l'orientation dans le temps et l'espace, visant une meilleure organisation perceptive, mnésique, motrice, mais surtout soucieuse d'apporter du *plaisir*, notion souvent oubliée dans nos institutions gériatriques.

Pour le patient refusant d'intégrer les ateliers, une prise en charge individuelle est proposée. Elle consiste surtout en une incitation à des activités agréables solitaires (installation de poste de télévision, de la radio, apport de cassettes de la musique préférée du patient, abonnement au programme de TV, apport de magazines illustrés ou de catalogues de mode), ainsi que l'échange de nouvelles sur les événements de la semaine.

Pour les patients déprimés, une thérapie cognitive, basée surtout sur la méthode de « distraction » adaptée aux possibilités du patient est entreprise : l'évocation des souvenirs agréables du passé, la valorisation des modèles de personnalités âgées célèbres et heureuses (Mme Calment, la reine mère Elisabeth, Henri Salvador…), l'enregistrement de morceaux de musique gaie et dynamisante.

Evaluation

Elle est effectuée par nous-même en collaboration avec l'équipe soignante une semaine avant la prise en charge du patient et la réévaluation, une semaine après 15 séances de psychothérapie. L'évolution de chaque participant est appréciée à l'aide des échelles suivantes :

1. *Mini-Mental State Examination* (Folstein et al., 1975) : ce test permet d'apprécier la gravité du déficit intellectuel, en explorant les fonctions d'orientation, d'apprentissage, de calcul et de langage. Le score, au maximum de 30, décroît avec la sévérité de la détérioration cognitive

2. *Cohen-Mansfield Agitation Inventory* (Cohen-Mansfield et al., 1986, Micas et al., 1997) est un inventaire en 29 items, construit à partir de la compilation des comportements agités le plus fréquemment rencontrés. La cotation se fait selon la fréquence du trouble de 0 à 7. Le score total de 29 à 203 croît avec la sévérité de l'agitation. L'administration de l'échelle est basée sur l'observation du comportement du patient par l'équipe soignante, durant une semaine.

3. *Cornell Scale for Depression in Dementia* (Alexopoulos et al., 1988, Camus et al., 1995), est composée de 19 items, notés de 0 à 2. Le score peut aller de 0 à 38 et croît avec la sévérité de la dépression.

Thérapie comportementalo-cognitive des patients déments : résultats d'une étude

Dans une publication récente (Lesniewska, 1999a) nous avons présenté une étude sur les résultats de thérapie comportementalo-cognitive de 31 patients atteints de démence d'Alzheimer sévère (le score moyen au M. M. S. de Folstein a été de 7,3 sur 30). On y relève des changements cognitifs positifs : les troubles du comportement diminuent en fréquence et en nombre. On observe aussi une amélioration significative de la dépression testée par une échelle de dépression qui tend vers des valeurs considérées comme normales (voir le Tableau 1).

Tableau 1 – Évaluation des scores avant et après la thérapie : moyennes et (écart-type).

TESTS	Avant thérapie	Après thérapie	Test Z	Signification
M. M. S. sur 30	7,3 (5,13)	8,2 (6,2)	2.59	N. S.
C. M. A. I. sur 203	60,1 (26,9)	47,9 (24,2)	4.1	0.05
C. S. D. D. sur 38	21,6 (7,15)	11,5 (6,1)	7.35	0.05

M. M. S. : *Mini Mental State* de Folstein.
C. M. A. I. : Échelle des Troubles du Comportement de Cohen-Mansfield.
C. S. D. D. : Echelle de Dépression dans la Démence de Cornell.
Test Z : Test statistique de comparaison des moyennes.
Signification : N. S. résultat non significatif.

On peut aussi s'apercevoir que si les scores au MMS s'améliorent chez les patients les moins détériorés, nous n'évitons pas les effets de plancher chez les patients les plus atteints (MMS égal 0) : Les progrès cognitifs sont possibles chez 58% des patients présentant une détérioration modérée. Il est donc indispensable de traiter les patients le plus précocement possible, avant que la perte neuronale ne soit trop évoluée.

L'approche multidimensionnelle et intégrative des états démentiels en institution, associant la thérapie comportementalo-cognitive et les thérapies médiatisées peut apporter une amélioration significative des troubles du comportement et de l'humeur souvent majorés en raison de l'inactivité, de l'ennui et du manque de renforcements positifs en institution.

Il est donc primordial de créer des ateliers thérapeutiques à médiation artistique, à visée cognitive, stimulant les fonctions supérieures du patient. La prise en charge comportementalo-cognitive comportant une dizaine de séances devrait être poursuivie par la participation à ces ateliers, sans limitation de temps, souvent jusqu'à la fin de la vie du patient âgé.

DEUXIEME PARTIE

SERVICE DE LONG SEJOUR

CHAPITRE 4

DESCRIPTION DU SERVICE DE LONG SEJOUR

Epidémiologie psychiatrique en institution

Le service de « long séjour », est un lieu d'hébergement pour les patients nécessitant un suivi médical constant et pour lesquels la solution du placement en maison de retraite et foyer logement (structures pour des personnes plus autonomes) n'a pu être retenue.

Au 31 décembre 1996, 647 000 personnes résidaient dans des établissements sociaux, médico-sociaux et dans des unités de long séjour pour personnes âgées (Neiss, 1998). La morbidité au sein de ces institutions est grande : selon certains auteurs, 15 à 65% des vieillards institutionnalisés présentent une dépression majeure (Prakash et al., 1995, Clément et al., 1996). Selon plusieurs auteurs, 75% des personnes en long séjour souffrent d'une démence (Colvez et al., 1994, Henrard et al., 1999) par rapport à 7,1% dans la population générale parmi les sujets de plus de 85 ans (Michel et al., 1996).

Cela prouve bien que l'institution héberge une population à grande prévalence de démence ou/et que les patients s'y démentifient pendant leur séjour.

Description de notre établissement

Même si quelques auteurs ont étudié la population des longs séjours (Mémin, 1992, Ritchie, 1997, Renaut, 2001), chaque établissement ayant ses particularités, il nous a semblé nécessaire d'obtenir une meilleure caractérisation de notre population pour démontrer les possibilités, mais aussi les difficultés de la psychothérapie de nos patients.

Il s'agit d'une unité de moyen et long séjour, située en banlieue sud de Paris, comprenant 90 lits (42 de moyen séjour, 44 de long séjour et 4 lits de soins palliatifs) répartis sur 3 étages.

La plupart de nos patients proviennent du service de moyen séjour ou de l'une des deux maisons de retraite voisines. Du fait de l'âge avancé de la population étudiée, la plupart des résidents présentent une polypathologie chronique.

Notre étude a été réalisée sur une période s'étendant du 1 janvier 1991 au 31 décembre 2000 (soit 9 ans) et porte sur 197 patients hospitalisés en long séjour et ayant séjourné dans le service depuis le début de l'année 1991.

Toutefois, nous avons exclu de notre étude les patients placés en long séjour pour les soins palliatifs et ceux qui sont décédés au bout d'un mois.

Nous avons vu personnellement tous les patients dès le début de leur hospitalisation. Hormis les entretiens individuels, nous avons eu recours aux dossiers médicaux et, quand c'était nécessaire, nous avons interrogé les familles.

Les caractéristiques de nos patients sont présentées dans le Tableau 2.

Tableau 2 – Caractéristiques générales de la population en long séjour.

Effectifs	Age moyen	Sexe		N.S.C.				Durée séjour (ans)
		H	F	0	1	2	3	
197	85,4	45	152	131	60	4	2	2

NSC : Niveau Socioculturel :
  0 : Aucun diplôme.
  1 : Certificat d'Etudes.
  2 : Brevet ou plus.
  3 : Baccalauréat et plus.

La comparaison de nos données avec celles de la littérature montre que notre population se caractérise par une moyenne d'âge élevée, une prépondérance féminine (77,2% des femmes) et un niveau scolaire très bas (65% des patients n'ont pas eu le certificat d'études).

Âge

L'âge moyen des résidents est de 85,4 ans (écart-type 7,4). La distribution de l'âge s'étend de 59 ans à 106 ans pour les femmes et de 72 ans à 96 ans pour les hommes.

Durée d'hospitalisation des patients

Si la durée moyenne de séjour de nos patients est de 2 ans (de 1 mois à 11 ans), 49 personnes (25,1%) y vivent depuis plus de 4 ans, 8 patients (4,1%) depuis 8 ans et une patiente vit dans notre institution depuis 10 ans.

La plupart des patients sont aujourd'hui décédés (78,7%), 18,3% vivent à l'hôpital et seulement 3% d'entre eux sont parvenus à en ressortir. Comme le confirment d'autres chercheurs (Renaut, 2001), l'entrée en institution est rarement suivie de retour au domicile.

Pays d'origine

La plupart des patients sont de nationalité française (95,5%) et les étrangers (4,5%) proviennent de pays de l'Europe de l'Est (Pologne, Yougoslavie) ou du Sud (Italie, Espagne, Portugal).

Motifs d'admission dans le service

Comme le montre le Tableau 3, les causes principales d'admission en long séjour sont les troubles du comportement liés à l'altération des fonctions supérieures, empêchant le retour à domicile. 62% de nos patients présentent une détérioration des fonctions intellectuelles (le plus souvent il s'agit de démences à un stade très avancé), 28% présentent des troubles neurologiques divers (AVC avec hémiplégie et aphasie, maladie de Parkinson ou de Korsakoff), 6% sont hospitalisés par suite de chutes à répétition ou d'une perte d'autonomie comme cécité, surdité, enfin 4% sont admis pour un problème social (sans domicile fixe, marginalité, pas de famille...). Ce profil correspond à celui décrit par d'autres auteurs : ainsi selon les données de Ylieff (1989), le principal motif d'admission dans son hôpital psychogériatrique est constitué par un état démentiel (85,7%). D'après ses données, 48% de la population présentent un syndrome aphaso-apracto-agnosique, 46% une atteinte des fonctions instrumentales ainsi que des troubles de l'autonomie et 5% des patients présentent uniquement une atteinte des fonctions cognitives.

Tableau 3 – Motifs d'admission en long séjour

MOTIF D'ADMISSION	NOMBRE	%
Troubles du comportement liés à la démence	122	62
Séquelles de troubles neurologiques	55	28
Altération de l'état général, chutes	12	6
Problème social	8	4
TOTAL	**197**	**100**

Antécédents psychiatriques

Comme le montre le Tableau 4, la plupart de nos malades (67,7%) n'avaient aucun antécédent psychiatrique. Nous avons retrouvé en tête des antécédents, l'éthylisme chronique (34,9%). Nous supposons que ce trouble est sous-estimé, étant donné sa non-reconnaissance par les médecins généralistes (Bidaut et al., 1991 ; Clément et al., 1999, Kiritze-Topor, 2001). Comme l'éthylisme, les états dépressifs sont, à notre avis, souvent sous-estimés, car non diagnostiqués ou confondus avec l'anxiété (Clément et al., 1999).

Tableau 4 – Antécédents psychiatriques.

ANTECEDENTS PSYCHIATRIQUES	NOMBRE	%
Ethylisme chronique	22	35
Démence	21	33
Episode dépressif majeur	12	19
Troubles psychotiques	5	8
Autres (épilepsie, confusion)	3	5
TOTAL	**63**	**100**

Comparaison entre les patients pris et non pris en charge

La prise en charge et le suivi psychologique sont assurés par une psychologue à plein temps (nous-même) et le passage d'une psychiatre un après-midi par semaine.

Si on compare les deux populations : les malades pris en charge et ceux qui ne le sont pas, (voir le Tableau 5), on s'aperçoit que les patients pris en charge sont un peu plus jeunes, vivent plus longtemps et sont un peu plus instruits que les patients non pris en charge. Ces derniers comptent plus d'hommes, sont plus souvent grabataires et, parmi eux, plus de 83% n'ont aucun diplôme.

Motifs de non prise en charge des patients

Le Tableau 6 montre une répartition des motifs de non prise en charge psychologique. Parmi nos résidents, plus de la moitié (103 personnes) n'a pas pu être prise en charge ni en individuel ni en groupe pour diverses raisons : 47% à cause de leur état grabataire, 16% pour un état somatique préoccupant, 12% pour des troubles du comportement (agressivité, insultes, cris, déambulations). Un quart des patients a refusé le soutien psychologique pour des motifs pas toujours explicites : « je veux être tranquille dans mon coin », présence ou attente de la famille. Il nous semble que le refus de prise en charge en long séjour est lié au refus de l'institution même par les pensionnaires : ceux-ci n'ont pas accepté la vie en institution, l'abandon du domicile et « l'abandon » par leurs proches. Ils demeurent enfermés dans une opposition généralisée et tous les professionnels sont perçus comme des représentants de la famille.

Pour eux, accepter la prise en charge c'est accepter la vie en institution, c'est fermer la porte vers l'extérieur, c'est être condamné à y rester : « Je ne veux rien, tout ce que je désire, c'est rentrer chez moi », répètent souvent ces patients.

Tableau 5 – Caractéristiques de la population prise et non prise en charge psychologique : pourcentages en moyennes

PATIENTS	Pris en charge (N = 94)	Non pris en charge (N = 103)
Sexe		
Femmes	77,6	74,7
Hommes	22,4	25,3
Age moyen	84	86,9
Durée séjour (ans)	2,5	1,5
Niveau socioculturel		
Aucun diplôme	50	83
Certificat d'études	46	15
Brevet et plus	3	1
Bac et plus	1	1
Mobilité		
Grabataires (au lit)	2	23
En fauteuil	60	59
Valides	38	18

Tableau 6 – Motifs d'absence de prise en charge des patients

MOTIFS	Nombre	%
Etat grabataire, incapacités, aphasie	48	47
Refus	26	25
Etat physique mauvais	17	16,5
Troubles du comportement	12	11,5
TOTAL	**103**	**100**

Conclusion

Cette étude de la population en long séjour démontre les difficultés du travail psychologique avec leurs résidents, ce-ci pour deux raisons principales :
   a) grabatisation : les patients placés en long séjour, sont souvent trop atteints pour pouvoir participer à une prise en charge psychologique. Il faudrait, comme le suggèrent Levesque et al. (1990), préparer le patient avant son placement, pour éviter une aggravation des troubles du comportement.
   b) niveau socioculturel très bas : la plupart de nos patients n'ont aucun diplôme et une certaine partie est même analphabète. Il est évident que ce manque d'instruction de base va de pair avec une faible culture psychothérapeutique : le « psy » est mal vu et évité, ou rejeté... Pour se faire accepter, il est donc important « d'apprivoiser » le patient pendant plusieurs séances, avant d'entreprendre une prise en charge réelle.

CHAPITRE 5

BESOINS SOCIOCULTURELS DES PATIENTS EN LONG SEJOUR

Il est difficile de proposer des ateliers thérapeutiques spécifiques aux patients déments, sans avoir une idée sur ce qu'ils aimeraient faire. Si on peut connaître les préférences des personnes âgées grâce aux études sociologiques sur les loisirs (Attias-Donfut et al., 1974, Delisle, 1993, Rousseau et al., 1995 Mermet, 2000), nous ne savons pas grand-chose des loisirs préférés de nos patients en institution. C'est pour éclaircir cet aspect ignoré que nous avons procédé à une enquête réalisée pendant près de 2 ans (entre février 1988 et décembre 1989) auprès de 279 personnes, séjournant en long et moyen séjour à l'hôpital Emile Roux à Limeil-Brévannes, ainsi qu'au cours de l'année 1991, auprès de 73 pensionnaires du C. H. d'Arpajon. Ayant décrit une analyse détaillée de cette enquête (Lesniewska, 1993), nous ne rappellerons ici que quelques faits marquants.

Les 352 patients de nos deux établissements ayant répondu à notre enquête ont un âge moyen de 79,5 ans et sont de sexe féminin à 69%. La population interrogée comportait aussi bien les pensionnaires sans troubles cognitifs que les patients présentant une baisse des fonctions supérieures et une démence parfois sévère. Toutefois, de façon surprenante, la plupart des patients déments donnent des réponses adaptées et en accord avec la réalité, vérifiée auprès de la famille. Cette constatation est confirmée par d'autres recherches sur l'interrogeabilité de patients déments. Ainsi Mozley et al., (1999), ont interrogé 213 patients présentant des troubles des fonctions supérieures sévères (le score au MMS<=10). Parmi cette population, 77,5% ont été capables de répondre de façon adaptée au questionnaire de « Qualité de Vie ».

Deux catégories socioprofessionnelles sont particulièrement représentées : employés de service (47%) et ouvriers (37,5%).

Dans le choix des items de notre questionnaire, nous nous sommes inspirés de l'Echelle des Activités Plaisantes de Teri (1991b) et des possibilités réelles qu'offre notre institution aux pensionnaires.

Parmi 40 activités proposées, (voir le Tableau 7), les animations passives et le « repos culturel » sont de loin celles qu'ils préfèrent à tous les autres types de loisirs. Il s'agit en premier lieu de la visite chez le coiffeur (53%) et de spectacles : variétés, théâtre ou cinéma, ce qui est compréhensible, compte tenu de l'âge avancé et des handicaps parfois très lourds et multiples de nos patients. D'autre part, ce sont des distractions accessibles à tous et ne demandant ni une implication personnelle ni une fréquentation régulière, et ne mettant pas en question le potentiel cognitif du vieillard. On devrait admettre cette vulnérabilité des personnes âgées, surtout au début de leur placement et s'abstenir d'un activisme à outrance.

Le succès de ces types d'activités devrait amener un développement très large et régulier des concerts et de spectacles de théâtre de variétés, séances de cinéma. Nous insistons ici sur les préférences de nos patients pour les spectacles gais : films comiques, comédies théâtrales de Molière ou de Labiche. Ce goût rejoint les thérapies du « rire », développées en France depuis une vingtaine d'années, mais déjà connues dans la Bible qui nous enseigne « qu'un cœur joyeux fait œuvre de médecin ». Nous devrions même, comme le suggère Rubinstein (1983) prescrire « une cure de Buster Keaton et de Bourvil » à nos patients déprimés et apathiques.

Une partie plus restreinte accepte des animations actives (physique, sociale ou d'expression) : promenades, jeux, chant, danse, (environ 25%). Une minorité seulement souhaite participer aux activités artistiques : peindre, jouer d'un instrument, faire du théâtre ou de la photo (environ 4%).

Malgré ce dernier pourcentage de voix plutôt faible, la palette de ces activités artistiques doit être large et celles-ci devraient fonctionner de façon régulière pour permettre à chacun de réaliser son potentiel créatif. C'est dans ce sens-là, que plusieurs gérontologues ont démontré que la vieillesse peut être créative. Comme le dit Philibert (1986, p. 55) « ...nous avons besoin de temps – besoin de vieillir – pour devenir authentiquement créateurs ».

Tableau 7 – Activités choisies par les pensionnaires.

	Activités proposées	Pourcentages
1	Aller chez le coiffeur	53
2	Voir un spectacle de variétés	46,5
3	Voir un spectacle théâtral	44
4	Voir un bon film	42
5	Faire une promenade	39
6	Aller à la cafétéria	36
7	Recevoir des visites de bénévoles	32
8	Chanter en groupe	30,5
9	Lire	30
10	Écouter un concert de musique	27
11	Voir un spectacle de danse	26,5
12	Jouer aux dominos	26,5
13	Jouer aux cartes	22
14	Partir en vacances	21,5
15	Danser	20,5
16	Avoir un animal	19,5
17	Participer à un groupe de discussion	19
18	Tricoter, broder, crocheter	16,5
19	Écrire des lettres avec aide	15
20	Écouter des conférences	12,5
21	Faire de la gymnastique	12
22	Cuisiner	10
23	Jouer au billard	10
24	Discuter dans une autre langue	8,5
25	Participer au comité de lecture	8
26	Jardiner	8
27	Jouer à la pétanque	7
28	Faire des photos	7
29	Aller à la pêche	5,5
30	Jouer dans un théâtre de variétés	5
31	Dessiner, peindre	4,5
32	Donner des cours (broderie, anglais)	4,5
33	Jouer d'un instrument	4
34	Faire de la mosaïque	3,5
35	Nager	3,5
36	Jouer au ping-pong	3,5
37	Jouer à la loterie	3
38	Faire du vélo	3
39	Participer au comité de loisirs	2,5
40	Jouer aux échecs	1,5

ised # TROISIEME PARTIE

ATELIERS THERAPEUTIQUES

CHAPITRE 6

ATELIER DE MEMOIRE

On sait que les états démentiels s'aggravent en l'absence de stimulations cognitives et sociales. Ainsi selon Bodak et al. (1990), on observe une chute significative annuelle de 2,55 points du score total du Mini-Mental Test de Folstein chez 73 pensionnaires de long séjour non stimulés. Et pourtant, plusieurs auteurs soulignent l'éducabilité cognitive du cerveau (Lévesque et al., 1990, De Rotrou, 1992). La neuroplasticité fonctionnelle peut permettre de rééduquer les populations de neurones non lésés par la maladie par le procédé dit de « stimulation cognitive ». Elle s'appuie sur deux principes : le principe d'une réorganisation translésionnelle et le principe de la sensibilité du dément à certaines stratégies rééducatives, telles que la structuration syntaxique, sémantique ou l'indigage phonémique (Van Der Linden, 1994, 1998).

Depuis une dizaine d'années, les neuropsychologues ont apporté de nouveaux modèles de la mémoire qui mettent en évidence cinq types de mémoire autonomes : mémoire de travail, épisodique, sémantique, procédurale et implicite. Comme l'explique Dewavrin (1997), chez une partie des patients, les atteintes de ces cinq types sont dissociées ; ainsi la mémoire implicite est préservée longtemps chez les patients Alzheimer tandis que la mémoire sémantique ou épisodique peut être très altérée. Lorsque l'un des types de mémoire est altéré, il est important de faire appel aux types qui sont préservés.

Lefebvre et al., (1991) constatent des progrès quantifiés par « L'Echelle BEC 96 » après un an de fonctionnement d'un atelier de mémoire, notamment dans l'orientation temporo-spatiale et la mémoire immédiate. Selon Vidal et al., (1998), le bénéfice demeure possible sur les capacités résiduelles des patients en institution présentant une démence avancée, grâce à la stimulation cognitive et psychosociale.

De Rotrou et al., (1999) montrent l'intérêt de la stimulation cognitive dans la prise en charge des patients déments et proposent la stimulation cognitive pour les patients en ambulatoire et en institution (hôpital de jour). Une revue des résultats anglo-saxons récents est présentée par De Vreese et al., (2001) qui confirment l'efficacité réelle de cette démarche rééducative sur les fonctions cognitives des patients déments.

L'atelier de stimulation cognitive, créé par nous en 1992 au C. H. d'Arpajon est destiné aux patients hospitalisés en long ou moyen séjour et présentant des troubles de la mémoire récente, une désorientation temporospatiale ou une plainte mnésique subjective, masquant souvent un état dépressif.

Les buts de cet atelier sont multiples :
1. Freiner le déclin des fonctions cognitives (mémoire, attention, langage)
2. Réapprendre à parler, à communiquer en groupe
3. Mettre en valeur des potentialités encore existantes chez le patient en fonction de ses activités antérieures par des exercices personnalisés et gradués ; le renarcissiser
4. Eveiller l'intérêt pour l'actualité.

Critères d'exclusion

1. Handicaps sensoriels rendant impossible la participation aux exercices (aphasie, surdité) ;
2. Troubles psychiatriques ou du comportement graves perturbant le fonctionnement du groupe (déambulations, crise d'angoisse, épisode délirant).

L'indication de l'atelier de mémoire est posée pour chaque patient après une analyse fonctionnelle minutieuse, centrée sur le comportement-problème (altération des fonctions cognitives, troubles dépressifs, troubles du comportement). Les patients participent à l'atelier de mémoire sans limitation de temps mais une évaluation est effectuée après 15 séances.

Déroulement de la séance

Les séances de l'atelier de mémoire sont hebdomadaires et ont lieu dans une salle d'animation polyvalente. Animés par nous même et 2 animateurs formés aux techniques de stimulation cognitive, l'atelier comprend en moyenne 5 patients. L'amalgame entre animateurs et patients permet de mieux encadrer ces derniers.

Chaque séance, très structurée, est composée de cinq phases, sur le modèle proposé par Rotrou dans la formation PAC-FNG (De Rotrou, 1997), modifié et adapté à notre population, présentant souvent une altération majeure des fonctions cognitives :

1. Phase de présentation (chacun des participants porte un écriteau avec son prénom en gros caractères)
2. Phase d'orientation (date, saison, adresse de l'institution, anniversaires, événements marquants de la semaine)
3. Revue des tâches effectuées individuellement pendant la semaine
4. Exercices de la mémoire ancienne ou immédiate, de la concentration, du raisonnement...
5. Attribution des nouveaux exercices à faire individuellement.

Les différents comportements observés sont notés et discutés par les animateurs après la séance selon les critères retenus et visualisés sur une grille, donnant une possibilité d'évaluation quantitative et qualitative (Lesniewska, 2000).

Principes de l'atelier

1. Alterner les types d'exercices qui mettent en jeu différents types de mémoire (par exemple, alterner les exercices de mémoire auditive et ceux de mémoire visuelle) pour diversifier et stimuler l'attention
2. S'assurer que chacun des participants pourra « briller » dans un type d'exercice : p. ex. même si Mme X. ne peut plus écrire et donc ne pas réussir les mots croisés, elle sera performante quand il s'agit de compléter oralement des proverbes

3. Adapter le degré de difficulté des exercices aux possibilités mnésiques des patients (mesurées par le MMS de Folstein)
4. Insister sur la réussite et ignorer l'échec pour encourager les participants
5. Ne pas infantiliser les patients par des exercices sous forme scolaire (critique, questions directes au participant, jugement négatif, sujets scolaires...)
6. Inciter les participants à s'intéresser à certaines émissions de la TV, en leur rappelant la date et l'heure de leur projection
7. Insister sur le contenu gai, positif, humaniste et centré sur le progrès, des textes à mémoriser. Éviter les sujets tristes et décourageants (guerres, chômages, SIDA, impôts, pollution) et pour lesquels nos patients ne peuvent rien. En effet la plupart de nos patients souffrent d'un syndrome dépressif et ce type d'informations négatives, dans lesquelles excellent nos journaux télévisés, augmente le sentiment d'impuissance chez nos pensionnaires, ayant déjà par ailleurs peu d'autonomie et de possibilités d'agir, même sur leur propre destin.

Tous les manuels de conduite des ateliers de mémoire que nous connaissons sont, selon nous, destinés aux patients présentant des troubles mnésiques débutants ou ayant un bon niveau scolaire (Israël, 1988, Ledanseurs et al., 1996, De Rotrou, 1997). Prenons comme exemple le programme proposé par l'Association « Mémoire et Vie » qui s'adresse apparemment aux participants de niveau socioculturel élevé : cela est évident dès la bibliographie qu'on leur propose (« La statue intérieure » de F. Jacob) en passant par les exercices de mémoire (apprentissage des noms de neuf muses de la mythologie grecque), et en finissant par la description du cerveau. Ce type de programme, très efficace pour des participants souffrant de troubles mnésiques bénins (Ledanseurs et al., 1994) ne s'adapte pas à nos patients, le plus souvent sans instruction, cultivateurs ou femmes de ménage, sachant à peine lire et présentant une détérioration des fonctions cognitives souvent majeure.

Les exercices que nous proposons (dont les exemples sont présentés dans l'Annexe 1), sont issus de notre expérience de plus de cent séances avec ce type de patients. En réalité, il faudrait adapter le programme de chaque séance aux possibilités attentionnelles et intellectuelles de chaque patient pour le stimuler sans le mettre en échec et sans que l'exercice ne lui rappelle des devoirs scolaires. Si la plupart des cahiers d'exercices proposés par des laboratoires (Jacques Logeais, IPSEN...) sont trop difficiles pour la population institutionnalisée, il est intéressant de s'en inspirer et de collectionner soi-même des cahiers d'exercices adaptés aux différents niveaux de patients.

Notre équipement est simple et peu onéreux. Il s'agit en principe, de jeux et d'exercices facilement réalisables par nos patients (mots croisés, lotos, photos de personnes célèbres etc., voir Annexe 2).

PATIENTS

Si depuis le début de l'existence de l'atelier de mémoire, 60 personnes d'âge moyen de 83,4 ans sont venues au moins une fois, nous ne présenterons ici que les 22 patients de long séjour, ayant la possibilité de participer à l'atelier de mémoire sans limitation de temps. Les diagnostics posés se repartissent selon trois catégories : démences (15 patients), syndrome dépressif (4 patients) et syndrome de Korsakoff (3 patients). Leurs principales caractéristiques sont résumées dans le Tableau 8.

Tableau 8 – Caractéristiques des participants de l'atelier de mémoire.

Age	Sexe		N. S. C.			Nombre de séances	MMS moyen
	H	F	0	1	2		
86,4	3	19	7	14	1	12,9	11,6

N. S. C. : Niveau socioculturel.
0 : Aucun diplôme
1 : Certificat d'Etudes.
2 : Brevet ou plus.
M. M. S. : *Mini-Mental Test* de Folstein

Le Tableau 8 montre que :
a) l'âge de nos participants est avancé (environ 86 ans en moyenne, le plus jeune ayant 62 ans mais 9 personnes ont 90 ans et plus)
b) une majorité de femmes participe à l'atelier

c) le niveau scolaire est faible (un tiers de nos patients n'a pas obtenu le certificat d'études)
d) le score moyen au *Mini-Mental State* est de 11,6 sur 30, indiquant une détérioration intellectuelle modérée.

Demande de prise en charge

La plupart des patients (86%) ont été invités à l'atelier de mémoire par une tierce personne (psychologue, médecin, animatrice) et 3 patients seulement ont demandé à y participer d'eux-mêmes, ce qui suggère un manque d'intérêt pour ce type d'activité ou/et l'anosognosie des troubles mnésiques. Cela confirme l'observation des autres psychologues-animateurs de l'atelier de mémoire (Duclos, 1994), qui soulignent une difficulté principale de l'atelier de mémoire institutionnel : le manque de demande de participation à l'atelier et l'absence de plainte mnésique de la part des pensionnaires.

Motifs de demande de participation

Parmi les motifs conduisant les soignants à proposer cet atelier, les troubles mnésiques sont au premier plan (79% de motifs).

Les symptômes dépressifs constituent 11% des demandes, et « l'ennui » ou la passivité, 10%.

Nombre de séances de participation

Si parmi les 22 patients de long séjour, la moyenne des séances de participation est de 13, trois patients ont refusé de venir la seconde fois, ce qui montre que le groupe de mémoire peut être un facteur de stress, servant de révélateur de leurs difficultés réelles. On observe une irrégularité de participation, due à la fatigue des patients (s'expliquant par l'agitation nocturne, les déambulations). De Rotrou (1999) indique aussi un taux de 68% d'assiduité pour des patients non institutionnalisés.

RESULTATS

Notre étude récente (Lesniewska, 2000) montre les effets d'une prise en charge de patients institutionnalisés, présentant des troubles mnésiques. Les résultats de participation à 15 séances d'atelier de mémoire de 11 sujets d'âge moyen de 85 ans, montrent une amélioration de l'efficience cognitive mesurée par le M. M. S. (les scores augmentent d'environ de 4 points après la stimulation). D'autre part, nous avons observé une baisse des symptômes dépressifs, évalués par l'Echelle de Dépression de Cornell (le score baisse de 24 à 7,6 points).

Observation 1 – Madame R.

Madame R. est hospitalisée en long séjour en avril 1997, pour « une altération de l'état général et chutes », après avoir passé 5 ans dans une maison de retraite voisine. La demande de prise en charge est formulée trois mois plus tard par la surveillante pour « cris incessants, pleurs et idées délirantes de persécution ». En effet, cette femme de 95 ans, perdue au milieu du couloir, crie en nous voyant : « Au secours, j'ai mal, oh ! j'ai mal », de façon théâtrale, puis « Qui est là ? Venez vite, tout va être volé ! ». Cette ancienne ouvrière, mère de 5 enfants, présente une détérioration des fonctions supérieures avec une désorientation temporospatiale, troubles mnésiques massifs, ainsi qu'agraphie et alexie (le score au M. M. S. est de 4 sur 30). Seul le langage verbal semble préservé. La patiente présente des idées noires, veut mourir : « faites-moi une piqûre, Madame, je vous en supplie » crie t-elle. Nous lui proposons l'atelier de mémoire, car elle aime discuter et veut « améliorer sa mémoire ». Au début de sa participation à l'atelier, Mme R. est désorientée, angoissée, se plaint de douleurs, ne répond pas aux questions posées qu'elle semble ne pas comprendre, n'arrive ni à faire des mots croisés, ni à reconnaître des visages célèbres, ni à retrouver des objets disparus de la table. Après avoir tâtonné, nous trouvons enfin ses points forts : les textes de chansons, des poèmes et des faits anciens qu'elle nous récite sans erreur grâce à sa mémoire biographique bien conservée. Au cours de séances suivantes, elle devient le leader du groupe, composé de cinq autres patients, moins éloquents et plus ralentis qu'elle : c'est elle qui répond à toutes les questions, même celles posées aux autres, c'est elle qui parle d'elle et de ses souvenirs, avant que les autres n'ouvrent la bouche. Mme R. s'épanouit et se dit heureuse. Au lieu de crier, à présent, elle chante ou récite des poèmes toute la journée pour se préparer à la séance suivante, en suscitant l'admiration des passants.

Malgré ses côtés attachants, pendant certaines séances nous sommes obligés de restreindre la logorrhée de cette patiente, pour laisser la place aux autres. Au cours de ses 14 séances, réparties sur 7 mois, Mme R. fera d'importants progrès : ses fonctions supérieures s'améliorent (le score au MMS passe à 11) et les troubles de l'humeur diminuent. Sa participation enthousiaste sera malheureusement interrompue par l'aggravation de son état de santé (un accident vasculaire cérébral), suivie de son décès.

Annexe 1 – Exercices de l'atelier de mémoire

Voici des exemples d'exercices ayant été réussis par au moins la moitié des participants, présentant un niveau scolaire bas et de score moyen au MMS de Folstein de 5 sur 30.

A. Titres de textes proposés à mémoriser :
1. « Mme Calment, la doyenne de l'humanité de 120 ans ».
2. « Nous serons tous centenaires »
3. « Ville où les vieux font la loi : Sun City »
4. « Premier roman à 102 ans » (George Dawson)
5. « La reine mère a 100 ans » (voir ci-dessous)
6. Extraits du livre positif et dynamisant : « Bonjour sagesse » de Skinner.

Exemple du texte à mémoriser

« La reine mère a 100 ans »
1. Ce fut une journée mémorable pour la reine mère Elisabeth d'Angleterre.
2. C'était le 4.08 de l'année 2000, à 17H.
3. Elle est arrivée en calèche devant le palais royal à Londres, escortée par le prince Charles, son petit-fils préféré.
4. Elle était vêtue d'un ensemble rose, arborant un collier de perles à trois rangs, une broche en diamant avec une émeraude en son centre.
5. Le responsable de la poste britannique a remis à la reine mère un télégramme émanant de sa fille, la reine Elisabeth.
6. Celle-ci lui a envoyé tous ses vœux et a signé le télégramme du surnom que lui a donné sa famille dans son enfance : « Lilibeth ».
7. 12 000 personnes ont assisté au spectacle et à une parade en son honneur.
8. À la fin de la parade tout le monde a chanté en chœur « Happy Birthday ».
9. Même ses deux chiens corgis ont défilé avec ses sujets, mettant en scène ses 100 ans.

B. Exercice de mémoire gustative

Faire goûter aux patients, auxquels on a bandé auparavant les yeux, des tranches de 5 fruits : orange, banane, tomate, pomme, poire. Trouver le nom de chacun de ces fruits ; les retrouver de mémoire ensuite.

C. Exemple de poème à compléter

« LE CORBEAU ET LE RENARD » (La Fontaine)
Maître corbeau, sur un......
Tenait en son bec un...
Maître renard par......
Lui tint à peu... ... ...
« Hé ! bonjour.........
Que vous êtes joli ! que vous...... ...
Sans mentir, si votre. .... à votre plumage
Vous êtes le... ... ... »
À ces mots le corbeau......... plus de joie
Et, pour montrer sa......
Il......... bec ct...... sa proie
Le renard s'en.... :
« Apprenez, que.......
Vit aux dépens de.... :
Cette leçon vaut., sans doute.... »
Le corbeau,... et...
Jura, mais un peu... qu'on ne l'y.......

D. Exemple des proverbes à compléter

1. Simple comme...
2. Il fait un temps de...
3. Sage comme...
4. Comme on fait son lit...
5. Telle mère...
6. Je donne ma langue...
7. Rien ne sert de courir...
8. Une hirondelle...
9. Qui rira bien...
10. Un de perdu...

E. Le langage des signes (nommer chaque signe et en expliquer le sens)

Clin d'œil, pompette, tirer les oreilles, pied de nez, tirer la langue.

F. Exemples d'exercices à domicile

Faire évoquer : 10 noms de villes en France, ou 10 noms de légumes, de fruits, meubles de la maison, noms de chanteurs, etc.

Annexe 2 – Matériel pour l'atelier de mémoire

1. 1 cahier d'exercices et 1 stylo pour chaque patient
2. Mots croisés pour les juniors *Sport Cérébral*, *Mots Fléchés pour Enfants* (bimestriel, éd. Megastar)
3. Revues illustrées *Point de Vue*, *Gala*,
4. Imagerie « Père Castor » : Fleurs, Fruits et légumes
5. Lotos : « Animaux sauvages », *Odeurs*
6. Photographies de personnalités de l'époque (la reine d'Angleterre, De Gaulle, Jean Gabin, Danielle Darrieux, Maurice Chevalier…)
7. Lettres ou chiffres à barrer
8. Livre de proverbes
9. Fables célèbres (*Le corbeau et le renard*, *Le loup et l'agneau*)
10. Textes et disques de chansons de l'époque (*Ramona*, *La valse brune*, *La java bleue*)
11. Pelotes de laine de différentes couleurs.

CHAPITRE 7

ATELIER DE MUSICOTHERAPIE

De tous temps, la musique a été utilisée à des fins cathartiques, stimulantes ou apaisantes. La musique a, en effet, un exceptionnel pouvoir de mobilisation émotionnelle à un niveau archaïque, régressif, prélangagier.

Bien que les symptômes démentiels du compositeur Ravel, apparus à l'âge de 56 ans, lui aient fait perdre petit à petit ses fonctions cognitives (mémoire des noms, lecture et écriture) au point qu'il n'était plus capable de reconnaître ses propres compositions (Stuckenschmidt, 1981), la musique semble avoir néanmoins un impact thérapeutique important sur les personnes atteintes de démence. Ainsi Clair (1990), Alridge (1995), Rivemale (1996), Ogay (1996), Moyne-Larpin (1999) insistent sur le rôle de la musique comme moyen idéal pour communiquer chez des patients déments. En général, l'utilisation des méthodes classiques en musicothérapie (les méthodes de groupe actives ou réceptives) est préconisée pour ces patients, avec une prédilection pour une approche pluridimensionnelle : le passage au cours d'une même séance de la musicothérapie réceptive, à une production instrumentale et au chant s'avère très stimulant pour nos patients déments.

Un certain nombre d'études (Gibbons, 1977, Lathom et al., 1982, Oregon, 1992), montre une préférence des patients âgés pour :
   a) la musique plutôt stimulante que sédative

b) les chants plutôt patriotiques ou populaires que folkloriques ou classiques
c) le tempo lent ou modéré plutôt que rapide.

Plusieurs chercheurs utilisent la musique de relaxation pour réduire l'agitation et les comportements agressifs des patients déments (Cohen-Mansfield, 1997, Denny, 1997, Remington, 1999, Gerdner, 2000). Les résultats montrent une diminution de l'agitation après plusieurs séances d'écoute de la musique sélectionnée comme apaisante.

Notre atelier est destiné aux patients de long et moyen séjours, aimant la musique ou le chant et présentant des troubles démentiels : désorientation temporospatiale, troubles du langage, troubles mnésiques... (Lesniewska, 1997).

Critères d'exclusion

- surdité
- non-coopération et troubles du comportement graves (hurlements, déambulations incessantes, agressivité...)
- syndrome dépressif majeur avec des manifestations visibles de détresse.

Objectifs

1. Procurer un réel plaisir, améliorer l'humeur et la qualité de vie du patient
2. Ouvrir une approche esthétique, souvent inexistante dans l'institution
3. Stimuler la communication verbale et non-verbale
4. Aider à entretenir les fonctions mnésiques, favoriser les repères temporo-spatiaux et renforcer l'identité
5. Stimuler les sens et la coordination motrice
6. Donner un support à l'expression de l'agressivité.

L'atelier a été mis en place au début de l'année 1997 (le nombre de séances effectuées depuis est de 120). Notre atelier est animé par nous-même et un co-animateur (souvent une stagiaire en musicothérapie), aimant la musique, sachant jouer d'un instrument et entraîné à l'observation des malades.

Recrutement à l'atelier

Dans un premier temps, une liste de 30 personnes démentes mais non grabataires nous a été proposée par le personnel soignant. Dans un deuxième temps, nous avons rencontré chacune des personnes indiquées pour évaluer ses motivations et possibilités réelles. Nous en avons écarté neuf ininterrogeables et deux ayant des problèmes auditifs. Par ailleurs, treize personnes ont refusé de participer à cet atelier, en prétextant la fatigue, l'impossibilité de chanter ou « l'envie d'être tranquille ».

Avec les patients retenus, nous avons passé le test habituel (MMS de Folstein), ainsi qu'un entretien psycho-musical selon le modèle de Verdeau-Pailles (1981), modifié et adapté à la population démente. Lorsque la personne ne pouvait plus donner une réponse adaptée, nous avons eu recours à la famille du patient. Le schéma de cet entretien est présenté dans l'Annexe 3.

Séance-type

Si au début de notre expérience avec les patients déments, nous avons proposé deux ateliers différents : l'atelier de « vieilles chansons », créé en 1983 (Ferrando et al., 1988) et l'atelier d'écoute musicale, créé en 1984 (Lesniewska et al., 1990a), depuis plusieurs années nous associons le chant et l'écoute musicale dans la même séance. Cette approche s'inscrit dans le cadre de la méthode « de stimulation sensorielle, sensori-motrice et sensori-affective », distinguée par Lecourt (1986, 1988) et destinée, selon cet auteur, aux états déficitaires, démences et oligophrénies. Au cours d'une même séance de musicothérapie, nous utilisons ainsi trois techniques différentes en trois temps successifs :
1. Musicothérapie active (le patient s'exprime par l'intermédiaire d'instrument de percussion)
2. Musicothérapie réceptive (écoute de bandes préenregistrées)
3. Chant individuel ou en groupe.

Les séances de musicothérapie sont bimensuelles, en alternance avec l'atelier de danse, un lundi sur deux de 11h à 12h, et ont lieu dans une pièce claire et calme, équipée d'une chaîne Hi-Fi, d'un piano et de nombreux disques. La disposition des participants est en demi-cercle et nous veillons à proposer à chacun une place confortable et adéquate pour lui (dos à la fenêtre pour la personne qui présente des hallucinations visuelles effrayantes, la patiente mal entendante près des baffles...).

Même si nous incitons nos patients à verbaliser leurs émotions, l'accent est mis sur la communication non verbale, les troubles du langage étant fréquents dans notre groupe. Les petits instruments de percussion, la guitare et le clavier électronique sont rangés dans une armoire et disposés uniquement pendant la séance. Chaque séance est précédée par la phase de stimulation cognitive : présentation des participants, rappel de la date du jour, du but de l'atelier. La séance est inaugurée par la musique d'accueil *Le Beau Danube Bleu* de Strauss. Pour stimuler la mémoire et renforcer l'identité des patients, tous les participants et les animateurs portent des écriteaux avec leurs prénoms écrits en gros caractères.

Musicothérapie active

La musicothérapie active est utilisée par certains thérapeutes à l'hôpital. Ainsi Kupperschmitt (2000) propose aux patients psychiatriques hospitalisés d'apprendre à jouer d'un instrument.

Si l'apraxie semble rendre l'apprentissage d'un instrument impossible dans le cas de démence avancée, certains chercheurs démontrent que la capacité de jouer d'un instrument peut rester préservée. Ainsi un patient-musicien, présentant des troubles majeurs du langage, était capable de jouer correctement du piano (Dewavrin, 1997).

Notre instrumentarium est composé de :

a/ Instruments mélodiques

Piano, clavier électronique, guitare, harmonica, une flûte à bec et deux carillons.

Ces instruments sont rarement utilisés par nos patients (depuis le début de nos séances, un seul patient jouait du piano, certes, à deux mains, mais toujours le même refrain), ils servent surtout aux animateurs à accompagner le chant et à introduire les mélodies. Bien que nos patients ne sachent plus jouer, ils reconnaissent pourtant immédiatement la plus petite fausse note commise par l'animateur et expriment librement leur déception.

b/ Petits instruments de percussion

3 tambourins de rythmes de 20 cm, 2 sistres, 2 castagnettes, 2 grelots, 2 maracas, 1 grand triangle, 1 cymbale.

Plusieurs auteurs ont souligné le rôle important des petits instruments de percussion en relation avec les patients âgés (0gay, 1996, Moyne-Larpin, 1999).

Plus accessibles aux patients déments, d'une manipulation facile et ne nécessitant aucun apprentissage préalable, les instruments de percussion sont privilégiés chez les patients déments. Les plus commodes sont toutefois les instruments avec une seule main, qu'il suffit de secouer (valable surtout chez des patients hémiplégiques), comme les maracas et le grelot.

Ces instruments sont disposés sur une petite table au milieu de la salle. Nous demandons aux patients de les regarder puis d'écouter les sons de chaque instrument que l'animateur présente un par un en le nommant à haute voix, lentement et distinctement. Puis les patients sont encouragés à choisir l'instrument de leur choix, en expliquant qu'il s'agit de suivre le rythme de la musique donné par le clavier électronique. Son répertoire est très vaste et donne la possibilité de présenter des morceaux au rythme de plus en plus rapide ou complexe. La difficulté majeure de cette partie de la séance est le *choix* d'un instrument par le patient : en effet, nos patients, atteints de démence sévère, ont des difficultés à faire un choix, à cause de la peur de l'échec (« je ne saurai pas jouer »), de l'apraxie (difficultés à tenir et agiter un instrument) ou des troubles mnésiques (« qu'est-ce qu'il faut faire ? »).

Pour Ploton (1987), cette « incapacité à élaborer un choix ou à exprimer une volonté » peut être considérée comme un symptôme fondamental de la perte d'autonomie.

Si, au début de la participation, le patient refuse catégoriquement, non seulement de choisir un instrument, mais même de le prendre dans la main, on s'aperçoit, au cours des séances suivantes, que la plupart d'entre eux sont capables d'en jouer de façon à peu près adéquate.

Bien que la plupart de nos patients prennent un grand plaisir à jouer, certains patients n'aiment pas le faire. Il nous semble important de respecter leur refus de jouer et nous avons eu des patients n'acceptant aucun instrument, mais s'exprimant parfaitement par la voix.

Musicothérapie réceptive

Nous avons préenregistré 10 cassettes composées de 8 morceaux de musique chacune, un programme ne dépassant pas 25 minutes, étant donné les difficultés de concentration et la fatigabilité de nos patients âgés. Un programme est composé de morceaux variés, suivant le principe de base de la musicothérapie : la succession des œuvres est étudiée pour alterner œuvre rythmique-œuvre mélodique, triste-gaie ; rapide-lente ; ainsi qu'une diversité de styles de musique : classique-variétés ; orchestre-instrument solo ; voix solo-chœur, pour solliciter alternativement le geste, la voix chantée, la danse ou la parole. Chaque cassette est personnalisée, conçue en fonction des goûts de la population âgée en général et des participants eux-mêmes. Ainsi chaque personne peut écouter au moins un morceau de sa musique préférée à chaque séance. La durée d'un morceau est de 2 à 3 minutes et il est entrecoupé d'une pause pour permettre la verbalisation. À titre indicatif, nous présentons 2 programmes, ayant beaucoup de succès auprès de nos patients (Annexe 4).

Chant individuel ou en groupe

Le chant en groupe est considéré par plusieurs auteurs comme l'une des plus importantes méthodes de musicothérapie, en particulier chez les personnes âgées (Moyne-Larpin, 1999). En effet, il facilite certains processus psychologiques et somatiques tels que la communication sociale directe ou le vécu des sensations de détente ou au contraire de tension cinétique et posturale (Schwabe, 1969). Le chant implique le sujet dans l'action qu'il mène et sa pratique libère ses émotions : il n'est guère aussi concret et précis que le langage qui peut apparaître comme un « chant desséché » (Jaedicka, 1957).

Comme Muret (1983), nous constatons sur le plan psychologique le plaisir et la joie dont sont progressivement animés nos patients au fur et à mesure que se déroule la séance, le chant ayant un aspect euphorisant, en particulier chez les déprimés. Il agit comme s'il atténuait ou effaçait « tout ce qui représente en nous la sphère de la pensée rationnelle, logique, discursive, volontaire, pour nous laisser aller à une autre appréhension du monde qui passe par l'ouverture, la confiance, le jeu, le plaisir, l'amour de soi-même et de l'autre » (Castarède, 1987).

Schwabe (1969) distingue deux actions thérapeutiques selon le mode d'approche :
- l'utilisation des chants folkloriques augmente la sensibilité émotionnelle et le sentiment de sécurité. Ils renforcent l'anonymat relatif du sujet et ne lui demandent pas de se confronter au groupe. Ils peuvent être considérés comme une préparation aux processus d'interaction et à la dynamique de groupe,
- la pratique du chant en canon (comme par exemple « Frère Jacques » où les voix entrent successivement dans l'édifice vocal) augmente par contre la solidarité intragroupale et favorise l'intégration de chaque participant, le but du groupe étant la même tâche à accomplir.

Nous commençons par le chant collectif, en accompagnant une chanson célèbre, exécutée par un chanteur de l'époque de nos patients (Tino Rossi, Berthe Sylva, Joséphine Baker...). Nous évitons les chansons tristes, surtout celles concernant la mort (comme par exemple « Les Roses Blanches »), qui suscite les larmes des nos patients et nous diffusons des chants rythmés, simples, gais, dynamisants (*Le Petit Vin Blanc, La Java Bleue, Félicie Aussi*).

En fin de séance, nous proposons le chant individuel : chacun, à tour de rôle, est invité à chanter une chanson de son choix. Les trous de mémoire sont comblés par les autres et les refrains sont repris par l'assistance. Les prestations individuelles, même les plus médiocres, sont applaudies et encouragées par le groupe. Certains patients refusent le chant individuel : ce refus est respecté. Le choix de la chanson est libre, mais la plupart des patients choisissent souvent la même. Tel patient, vieux célibataire et fils unique, chantera toujours la même chanson triste dédiée à sa mère « Viens, maman », en pleurant à chaque fois ; telle autre chantera *Guitare d'amour*, ne se rappelant que le premier couplet, tel autre, encore, préfère les chansons à thème « titi parisien » au cours desquelles il en mime les paroles, en se servant de son éternelle casquette, portée même par les plus grandes chaleurs.

Notre expérience, réalisée avec des personnes démentes est tout à fait encourageante : même les patients très détériorés peuvent chanter juste et retrouver un couplet d'une vieille chanson, comme si la mémoire musicale était d'une nature différente.

PATIENTS

Depuis le début de l'existence de l'atelier de musicothérapie, 56 personnes, 12 hommes et 44 femmes, d'âge moyen de 86,9 ans sont venues au moins une fois. Comme pour tous les autres ateliers, nous ne présenterons ici que les 36 patients de long séjour, ayant la possibilité d'y participer sans limitation de temps. Les diagnostics posés se repartissent selon 4 catégories :
1. démences : 24 patients (Alzheimer : 16 patients et démences vasculaires : 8 patients)
2. altération des fonctions supérieures avec épisodes délirants et hallucinations sans démence déclarée : 4 patients
3. syndrome de Korsakoff : 5 patients
4. autres pathologies psychiatriques (maladie maniaco-dépressive, dépression) : 3 patients.

Parmi nos patients, 10 ont présenté une aphasie ou jargonaphasie rendant la communication verbale impossible. Les principales caractéristiques des patients sont résumées dans le Tableau 9.

Tableau 9 – Caractéristiques des participants de l'atelier de musicothérapie.

Age moyen	Sexe		N. S. C.				Nombre de séances moyen	M. M. S. moyen
	H	F	0	1	2	3		
87,2	7	29	17	17	1	1	12	6,5

N. S. C. : Niveau Socioculturel.
0 : Aucun diplôme.
1 : Certificat d'études.
2 : Brevet ou plus.
3 : Bac ou plus.

M. M. S. : *Mini-Mental State* de Folstein.

Ce tableau montre que :
a) une majorité de femmes participe à cet atelier ;
b) le niveau socioculturel est faible : environ la moitié de nos patients n'a pas eu le certificat d'études
c) si la moyenne des séances de participation à l'atelier de musicothérapie est de 12, nombreux sont ceux qui y ont participé pendant deux et même parfois trois années.
d) le score moyen au M. M. S. de Folstein, plus bas que celui des patients de l'atelier de mémoire est de 6,5 (minimum 0 et maximum 16).

Ceci est logique car cet atelier s'adresse aux patients qui sont atteints de démence sévère et ne peuvent plus participer aux autres activités.

Antécédents musicaux

Parmi nos 36 patients de long séjour, rares sont ceux qui savaient jouer d'un instrument (4 patients), un peu plus nombreux sont les amateurs de musique classique ou d'opéra (9 patients). La plupart des patients (23) aiment simplement écouter et chanter des variétés.

RESULTATS

Au vu de notre expérience, nous pouvons résumer les résultats de la participation à l'atelier ainsi :
1. Vécu d'un plaisir esthétique comparable à celui éprouvé par les auditeurs d'un concert de musique avec un épanouissement affectif important chez certains sujets, révélé par les exclamations suivantes : « c'est formidable », « c'est beau », « c'est un vrai paradis ici ».
2. Amélioration de l'humeur de nos patients qui se manifeste par l'apparition fréquente de sourires, de plaisanteries, de taquineries : telle patiente ricane en faisant semblant de jouer de la guitare sur le maracas, telle autre pince les fesses de l'animatrice et rit aux éclats quand cette dernière sursaute.
3. Disparition des manifestations d'angoisse (déambulations, tremblements, pleurs), d'agressivité (coups donnés à l'animateur, injures), et des troubles du compor-

tement (urination en public). Le refus de venir, fréquent au départ, fait place au refus de partir.
4. Progrès dans la manipulation des instruments de percussion et leur utilisation adéquate ainsi que dans la reconnaissance des mélodies (telle patiente qui au départ mettait tous les instruments dans sa bouche, au fur et à mesure des séances, s'est révélée un vrai leader, improvisant des rythmes endiablés sur un tambourin et dirigeant l'assistance avec sa baguette comme un chef d'orchestre). Certains patients chantent de plus en plus facilement le répertoire répété, grâce à la mémoire implicite et procédurale, permettant l'apprentissage des mélodies et la réactivation des automatismes gestuels.
5. Réduction des comportements répétitifs, gênant l'audition : tel malade espace, puis abandonne presque son habitude de sucer son pouce ou de répéter continuellement certains mots comme « et voilà ». Tel autre qui au départ gémit sans cesse, transforme ce gémissement en bourdonnement de mélodies.
6. Légère amélioration du score de MMS de Folstein, de trois à cinq points, chez des patientes qui montrent une assiduité particulière. Si les résultats des autres restent inchangés, ils s'avèrent non aggravés, ce qui peut être considéré comme un succès, étant donné la détérioration cognitive des patients non-stimulés (Bodak et al., 1990).

Cette expérience de cinq ans de musicothérapie avec des patients déments nous a permis de distinguer cinq types de participants, en fonction des leurs préférences antérieures, de tempérament ou des handicaps moteurs :
- Patients « chanteurs », qui spontanément chantonnent toute musique, mais refusent de jouer d'un instrument quelconque (17%)
- Patients « instrumentistes », qui ont le sens du rythme et battent la mesure même sans instrument, mais qui n'aiment pas chanter (19%)
- Patients « danseurs », qui se mettent debout dès qu'ils entendent un rythme incitant au mouvement (14%)
- Patients « auditeurs », qui pendant la séance ne participent pas activement, mais aiment écouter la musique et observent les autres participants, en manifestant leur

plaisir par des commentaires positifs ou des sourires (14%)
- Patients « polyvalents » (environ 30%), étant capables de se servir aussi bien de leur voix (chanter) que de leurs mains (jouer).

Cela suppose aussi l'intérêt de constituer des groupes différents de musicothérapie (chant, jeux d'instruments, danse).

Difficultés

a) Trois patients ont refusé de revenir après la première séance, en prétextant la présence de patients perturbés. Alors, comme pour tous les autres ateliers, se pose le problème de la cohabitation de patients présentant une démence sévère avec ceux ayant une démence débutante.

b) Quatre patients ont été exclus de notre groupe à cause de troubles du comportement d'apparition récente (logorrhée, déambulation, cris, agressivité, assoupissement accompagné de ronflements…).

CONCLUSION

Il nous semble, à la lumière de notre expérience, que la capacité de réponse des patients déments à la musique est un phénomène tout à fait remarquable : si la détérioration du langage est caractéristique de cette maladie, les capacités musicales semblent, en ce cas, préservées. Malgré l'aphasie et la perte de mémoire, ils continuent à chanter de vieilles chansons et à danser sur des airs du passé. Ceci, peut-être, parce que l'audition est le premier sens à se développer avec la cénesthésie. En effet, le langage sonore, préexistant génétiquement au langage verbal, permet un mode de communication faisant appel aux instances « archaïques » de notre psychisme.

Observation 2 – Madame M.

Madame M., 61 ans, est en long séjour depuis 9 ans. Auparavant, elle vivait dans un foyer pour femmes détenues qu'elle a dû quitter pour être hospitalisée, en raison de brûlures caustiques du cuir chevelu attribuées par elle-même à la malveillance de quelqu'un et par le psychiatre à un geste d'automutilation pour quitter le foyer. La prise en charge est demandée par le psychiatre pour des troubles du comportement (excès alcooliques et sexuels) et une dépression. L'examen neuropsychologique constate un syndrome de Korsakoff, avec des confabulations, des fausses reconnaissances et une désorientation temporospatiale (le score au M. M. S. de Folstein est de 16 sur 30).

Dans une première approche, il lui est proposé de participer à l'atelier de peinture, mais elle ne s'y intègre guère, préférant tricoter ou bavarder. Des entretiens successifs permettent de savoir qu'elle aimerait chanter, danser et faire du théâtre. Elle accepte donc volontiers de venir à la chorale. Sa voix est belle et grave. Au début, elle ne peut chanter qu'un refrain ou un couplet ; chante très vite, précipitamment, son discours musical est saccadé, entrecoupé (comme le sont d'ailleurs ses dessins et son langage). Après deux ans de fréquentation assidue, elle parvient à restituer des chansons presque complètes, sa voix est devenue plus continue et ses prestations admirées et applaudies par le groupe. Parallèlement, les troubles du comportement ont diminué, son orientation temporospatiale s'est améliorée (le score au M. M. S. passe de 16 à 21), et Mme M., renarcissisée, redevenue sociable, acceptée par ses voisines, a même établi une relation privilégiée avec l'animatrice.

Annexe 3 – Entretien psychomusical

Nom du patient	Profession
Date et lieu de naissance	Années de scolarité
Personne interrogée	Date de l'entretien

A. Antécédents musicaux familiaux

Préférences, goûts musicaux et éducation musicale des parents, de la fratrie...

B. Antécédents musicaux personnels

1. Culture musicale : études musicales, cours individuels

2. Habitudes musicales du patient : (jouer d'un instrument, danser, chanter, assister aux concerts, à l'opéra...)

3. Ses préférences musicales :
   a) compositeurs
   b) chanteurs
   c) instruments
   d) interprètes, instrumentistes
   e) œuvres, morceaux qu'il a aimé jouer, écouter, danser.
   f) type de musique (triste ou gaie, lente ou rapide...)

4. Compositeurs, chanteurs, instruments, œuvres qu'il n'aime pas.

Annexe 4 – Exemple de deux programmes de musicothérapie pour les patients

Programme 1
1. *Sous les ponts de Paris*
2. *Petite musique de nuit* – extrait (Mozart)
3. *L'or et l'argent* (Lehar)
4. *Caprice viennois* – op. 1 (Kreisler)
5. *La petite Tonkinoise*
6. *Le temps des cerises*
7. *Ah ! Le petit vin blanc*
8. *Les chemins de l'amour* (Poulenc)

Programme 2
1. *Dans les rues d'Antibes* (Sidney Bechet)
2. *Rosalie est partie*
3. *Carmen* – extrait (Bizet)
4. *Riquita*
5. *La truite* – extrait (Schubert)
6. *Guitare d'amour*
7. *La dernière rose de l'été* (Flotow)
8. *Heure exquise* (F. Lehar, *La Veuve Joyeuse*)

CHAPITRE 8

ATELIER DE DANSE THERAPIE

Selon Vaysse la danse-thérapie est « une utilisation psychothérapeutique du mouvement comme processus pour promouvoir l'intégration physique et psychique d'un individu » (1997, p. 30). Particulièrement utile lorsque la communication verbale est limitée ou bloquée, la danse-thérapie a été utilisée avec succès chez des enfants autistes ou présentant un retard sévère, ainsi que chez des adultes déficients sévères (Grubar, et al, 1992), et des psychotiques (Schoop, 1974). Quelques musicothérapeutes utilisent la danse pour les patients déments. Ainsi Palmer (1989) constate une croissance des facultés à se mouvoir correctement chez certains patients dansant, tandis que, selon Bumanis (1987), la danse améliore l'orientation dans l'espace ainsi que l'adaptation sociale et affective chez les patients désorientés et confus. Sheridan (1996) confirme les bénéfices de la danse ou du mouvement sur la musique, chez les patients déments (même invalides, mais qui peuvent néanmoins bouger sur leurs fauteuils roulants, au rythme de la musique).

En effet, plusieurs recherches démontrent que les personnes « errantes » avaient, par le passé, l'habitude de s'engager dans plus d'activités sociales et de loisirs que leurs pairs et qu'elles manifestaient plus de comportements moteurs (Levesque et al., 1990). Cela signifie que l'errance, un des problèmes majeurs des patients déments (Hope et al., 1994), peut être reliée à des habitudes de vie et à des traits psychologiques présents avant la maladie. Selon notre hypothèse, les patients atteints de la maladie d'Alzheimer qui errent ou fuguent de façon répétitive sont des patients qui aimaient auparavant l'activité physique (souvent la danse) aussi cette activité devrait-elle leur procurer une libération des tensions et une satisfaction plus forte que des déambulations sans but.

Contrairement aux autres danse-thérapeutes qui, comme Gaetner (1979), choisissent la danse classique ou, comme Schott-Bilmann (2001), la danse-jazz, nous avons choisi la danse de couple, car elle est liée à notre propre sensibilité et à notre pratique, mais surtout à cause de l'enthousiasme qu'elle réveille chez nos patients âgés, du fait de leurs habitudes dans le passé. En effet, on connaît l'attrait des sujets âgés pour la danse (Moyne-Larpin, 1994). Dans une enquête auprès de 279 patients d'âge moyen de 80 ans en institution gériatrique (Lesniewska, 1993), on constate que :

a/ 73% de notre population âgée ont dansé lors de bals musettes, guinguettes, etc., aboutissant souvent au mariage. En effet, dans les années trente, il existait plus de trois cents bals-musettes uniquement à Paris.

b/ 26,5 % aimeraient regarder un spectacle de danse.

c/ 20,5% d'entre eux souhaiteraient danser et participer à des bals de style musette.

Objectifs

L'atelier est destiné en premier lieu aux patients errants ou simplement valides, atteints de démence d'Alzheimer sévère. En dehors des participants valides, les patients non valides, mais amoureux de la danse et désirant regarder les danseurs, sont admis à l'atelier en tant que spectateurs.

Nos objectifs sont multiples :
1. Apporter du plaisir physiologique, sensoriel et narcissique
2. Donner un but artistique au besoin impérieux de déambuler
3. Maîtriser son corps et le libérer des tensions et de l'angoisse
4. Renforcer l'unité psycho-corporelle
5. Développer l'écoute et faciliter les échanges en ouvrant des voies de communication verbale et non verbale

6. Sortir du quotidien, mettre une jolie robe et des chaussures à talon, se coiffer, pour une femme, se « faire belle ».

Chaque programme est composé de morceaux très variés, suivant le principe de base de la musicothérapie : la succession des morceaux est établie pour alterner danse de salon-danse folklorique, triste-gaie, rapide-lente etc. Nous privilégions les danses telles que : valse musette, tango, java, polka, mazurka, paso-doble, mais nous utilisons aussi le répertoire des danses régionales comme la danse bretonne, le folklore instrumental de Yougoslavie, de Grèce, etc.

Comme pour les séances de musicothérapie (voir chapitre 7), chaque cassette est personnalisée, conçue en fonction des goûts de notre population âgée, explorés auparavant auprès des familles. Ainsi chaque personne pourra danser au moins une de ses danse préférées à chaque séance. À titre indicatif, nous présentons deux exemples de programmes, ayant beaucoup de succès auprès de nos patients (Annexe 5).

Matériel

Nous avons préenregistré 5 cassettes composées de 10 morceaux de musique chacune, un programme ne dépassant pas 20 minutes, étant donné l'âge avancé de nos patients et leur fatigabilité.

Séance-type

L'atelier de danse est composé au maximum de 5 patients encadrés par 3-4 animateurs et se déroule un lundi sur deux en alternance avec la musicothérapie, dans la salle d'animation, de 11h à 12H (l'heure la plus favorable en ce qui concerne la vigilance de nos patients).

Chaque séance, très structurée, est composée de trois phases :

1/ Phase de stimulation cognitive :

Nous mettons l'accent sur les formules de politesse de base (serrer la main, dire « bonjour »), la présentation des participants avec l'évocation des prénoms de chacun, l'explication du but de l'atelier, la date du jour. La séance est inaugurée par la musique d'accueil *La valse brune* jouée par nous au piano. Pour stimuler la mémoire et renforcer l'identité des patients, les participants portent autour du cou des écriteaux avec leur prénom écrit en gros caractères.

2/ Phase de danse :

Chaque morceau est annoncé et commenté, nous incitons les patients à fredonner les refrains de la mélodie. Puis les animateurs demandent aux participants de s'inviter mutuellement et les invitent eux-mêmes à danser. Les animateurs, qui doivent nécessairement savoir et aimer danser, constituent un modèle pour les patients qui essaient de les imiter. Ce principe d'imitation, si cher à Gaetner (2000), est important pour les patients déments dont la plupart ont oublié les pas des danses les plus simples, comme la valse ou le slow.

3/ Phase de verbalisation :

Chaque danse est suivie par une évocation de souvenirs liés à la danse ou à la période de jeunesse de nos patients. Des questions sont posées sur leur jugement musical et leurs préférences (« préférez-vous ce morceau rapide ou plutôt un autre plus lent, gai ou triste ? »). On encourage toutes les formes d'expression : battre la mesure, mouvoir les mains, balancer le corps au rythme de la musique...

Chaque séance se termine par un feed-back sur la séance, l'invitation à la séance future et par la musique « d'au revoir » : qui est souvent *La java bleue*.

PATIENTS

Depuis 5 ans, 60 patients d'âge moyen de 87,3 ans, sont venus au moins une fois à l'atelier de danse.

Pour notre étude (Lesniewska, 1998a) nous avons choisi 28 patients déments venant de long séjour (donc ayant la possibilité de participer à l'atelier sans limitation de temps), et participant à 5 séances au moins. Leurs principales caractéristiques sont présentées dans le Tableau 10.

Tableau 10 – Caractéristiques des participants de l'atelier de danse-thérapie

Age Moyen	Sexe		CSP			Nombre séances	M. M. S. moyen
	F	H	0	1	2		
87,4	22	6	15	10	3	8,3	5,3

CSP : Catégorie socioprofessionnelle.
0 : Aucun diplôme.
1 : Certificat d'Etudes.
2 : Brevet ou plus.
M. M. S. : *Mini-Mental State* de Folstein.

Nous pouvons constater que la plupart de nos patients n'a pas eu le certificat d'études, que 68% d'entre eux sont valides et que leurs fonctions cognitives sont très atteintes.

RESULTATS

La question de base qui se pose ici est : est-ce que les patients déments, atteints de troubles sévères du comportement, déambulant, souvent aphasiques ou incohérents, peuvent encore danser ? D'autant que la plupart des chercheurs mentionnent, parallèlement aux errances et déambulations, des troubles de la marche et de l'équilibre, avec une importante fréquence de chutes, menant souvent à une invalidité totale (Martin-Hunyadi, 2000).

En réalité, notre expérience montre que parmi nos patients valides, 85% dansent bien ou très bien par rapport aux 15% qui dansent « mal » (traînant les pieds, sans rythme ou uniquement sur place).

D'autres progrès et résultats sont à noter :

1/ Vécu d'un enthousiasme :

Il est comparable à celui éprouvé par les danseurs non-déments, manifesté par des sourires, exclamations, expressions de joie, compliments, baisers, et remerciements. On retrouve ici « le besoin de danser » (Schott-Billmann, 2001) qui ne disparaît ni avec l'âge avancé ni avec la maladie.

2/ Progrès moteurs :

Les patients, très rigides, traînant les pieds au départ, deviennent plus souples, et certains pas nouveaux sont acquis, les bras accompagnent les pieds, le corps se relâche.

3/ Progrès relationnels :

Les patients communiquent plus, se regardent, se font des compliments, se serrent la main.

4/ Progrès cognitifs :

Certains patients se rappellent leurs prénoms ou lieu d'activité, les noms des danses ou des chanteurs qui ont été écoutés, des souvenirs de leur jeunesse…

5/ Réduction des comportements stéréotypés :

Les répétitions de mêmes questions, tics ou déambulations diminuent au cours des séances.

Difficultés

Un des problèmes de base dans notre atelier de danse est le manque de danseurs-hommes, ce qui reflète la composition du ratio-sexe dans les unités de long séjour : il y a peu d'hommes et surtout peu d'hommes qui aiment danser.

CONCLUSIONS

Notre expérience nous permet d'être optimiste quant aux possibilités de nos patients : même ceux qui sont atteints à un niveau très avancé de la maladie peuvent encore participer à un groupe, communiquer de façon verbale ou gestuelle leurs émotions, et surtout, s'amuser en dansant.

En résumé, l'atelier de danse nous semble être une activité d'une grande importance thérapeutique pour des patients atteints de démence sévère, tout en restant simple du point de vue des moyens techniques : il n'exige qu'une grande salle et des amateurs passionnés de danse.

Observation 3 – Monsieur D.

Monsieur D., 71 ans, est hospitalisé en moyen séjour en avril 1998 pour « altération de l'état général et idées délirantes », après avoir été retrouvé chez lui par terre. Sa prise en charge nous est demandée par le médecin du service pour des troubles du comportement (agressivité verbale et physique envers des soignantes, refus de se laver et de se raser ainsi qu'un comportement bizarre : « lave son verre et ses assiettes dans la cuvette de WC »). Cet ancien peintre en bâtiment, ayant des antécédents d'éthylisme chronique, lors de l'entretien et bilan neuropsychologique se montre pourtant courtois, content de nous parler et coopérant. Le *Mini-Mental State* de Folstein démontre des troubles de mémoire et une désorientation temporospatiale majeurs (score de 8 sur 30) : il ne sait pas la date ni l'endroit de l'hospitalisation, pense que nous sommes en Indochine et nous expose fièrement la Croix de Combattant, accrochée à sa vieille veste. Malgré ses troubles mnésiques, le patient passe sa journée à lire les romans policiers dont il ne garde aucun souvenir et dont il oublie le contenu dès qu'il a tourné la page.

Le patient présente par ailleurs des symptômes dépressifs : pleure dès qu'il parle de sa mère aveugle et nous comprenons que ce vieux célibataire, lui ayant consacré sa vie, s'est mis à boire après sa mort. Ses anciennes distractions étaient la chasse et la pêche mais aussi la danse : il s'anime quand il raconte ses conquêtes féminines lors de bals dans son village natal, en Bourgogne. Nous l'invitons à l'atelier de danse qu'il refusera à plusieurs reprises, se plaignant de « maux de reins », de difficultés à marcher et d'impossibilité de danser : « c'est vieux ça », « je ne peux plus rien faire ». Pourtant, il viendra un mois plus tard, timide, passif, n'invitant personne, triste et vulgaire, sentant l'urine et non rasé. Il pleure lors de ses mélodies préférées, telle que *C'est lui que mon cœur a choisi* en évoquant sa mère aveugle. Lors des séances suivantes, après nos incitations répétées, il se lève tout seul et ose inviter les animatrices qui le complimentent. En effet, ce vieux monsieur se transforme soudainement : courbé et boitant quand il arrive à la séance, il se redresse, ses pas deviennent souples et allongés, il adopte une posture de danseur, guide parfaitement sa partenaire, même s'il exécute les pas du paso-doble pour toutes les danses, y compris pour le rock...

Un an après sa participation très régulière, les échelles de dépression démontrent une amélioration de l'humeur ainsi que du score au M. M. S. de 5 points. Placé dans une maison de retraite proche, vient aux séances de danse accompagné par une animatrice. Il invite systématiquement une de nos patientes démente qui « a de la classe » : en fait cet ouvrier sans instruction, avec des mains rêches et des vêtements usés, est attiré par cette « bourgeoise », qui, malgré sa démence avancée, élégante et élancée, a une peau si lisse, blanche et la voix si pure... Le groupe, médusé, parfois gêné, assiste à un véritable « coup de foudre » : le patient invite sa dulcinée, uniquement elle et personne d'autre, et enlacés, l'embrasse passionnément en profitant d'avoir le dos tourné pour toucher ses seins. Son comportement change aussi : il est souriant, propre et même rasé, peut-être grâce à la remarque de sa bien aimée sur sa barbe d'une semaine. Le patient participera pendant deux ans à cette activité mais, après son opération des reins, ne viendra plus, handicapé par des troubles de la marche.

Annexe 5 – Exemples de deux programmes de danse pour les patients déments

Programme n°1

1. *Marche de Radetzki* – (Strauss)
2. *Espana Cani* – paso doble
3. *La valse brune*
4. *Adieu Paris* – tango
5. *Valsons la valse d'amour*
6. *La chenille* – paso doble
7. *J'attendrai* – slow
8. *Sous le ciel de Rio* – samba
9. *C'est lui que mon cœur a choisi* – valse.
10. *La java bleue*

Programme n°2

1. *Le dénicheur* – valse
2. *Muskrat Ramble* – charleston
3. *Fille de Dolorès* – paso doble
4. *Femme aux bijoux* – valse
5. *Syrtaki* – danses grecques
6. *Gigi Amoroso* – slow
7. *Petit bal du samedi soir* – polka
8. *Polanko* – danses serbes
9. *On n'a pas tous les jours 20 ans* – valse musette
10. Danses tziganes

Compilations conseillées :

- *Palmarès de l'accordéon* : Musette 1929-1947, Virgin.
- *Le Bal* (musique du film *Bal* d'Ettore Scola).
- Folklore instrumental de Yougoslavie, de Grèce, de Bretagne…

CHAPITRE 9

ATELIER D'ART-THERAPIE

Le terme d'art-thérapie désigne l'utilisation de moyens d'expression artistique à des fins psychothérapeutiques. Parmi ses différentes orientations, nous nous situons dans l'esprit de « celle qui magnifie cet acte créateur en tant que possibilité de sortir de la pathologie « anonymisante » : peindre, signer, exposer...vendre : la reconnaissance de l'individu, d'où sa renaissance au travers d'une réussite personnelle ». (Wiart, 1993, p. 919).

Malgré le nombre grandissant de manuels consacrés à l'art-thérapie plastique (Denner, 1967, Boyer, 1992, Païn et al., 1994, Forestier, 2000), son emploi comme approche psychothérapique auprès des sujets déments est encore très restreint en France. La plupart des études décrivent des personnes âgées non démentes (Perissé-Fichot, 1983, Papadakos, 1986, Lesniewska et al., 1990b, Laforestrie, 1991, Clément et al., 1996b).

La réflexion sur le dessin des patients déments peut se faire à partir de deux catégories :
1. Etude de l'évolution du dessin en tant que témoin de l'apraxie constructive, utilisée comme méthode de diagnostic de la maladie d'Alzheimer (Ajuriaguerra, 1960, Ska, 1987, Ericsson, 1994) ;
2. Etude de la peinture des patients déments dans le cadre de l'art-thérapie, utilisée comme méthode de psychothérapie (Harlan, 1990, Johnson, 1992, Smith, 1992,

Kitwood et al. 1995, Kahn-Denis, 1997, Lesniewska, 1995, 2002).

Dessin en tant que méthode de diagnostic

L'apraxie constructive est au centre d'une symptomatologie démentielle et apparaît comme un signe précoce des déficits cognitifs dans l'évolution de la maladie, témoignant à la fois de la désorientation temporospatiale et des déficits moteurs.

Selon Ajuriaguerra et al. (1960), la démence entraîne une désintégration des fonctions cognitives qui reproduit l'ordre inverse de la chronologie de leur acquisition : dans le dernier stade de la maladie, les dessins deviennent incomplets et désorganisés comme les premières productions de jeunes enfants. D'autres chercheurs signalent le caractère lacunaire et pauvre des dessins de patients déments (Moore et al., 1984, Ska, 1987, Ericsson et al., 1994).

Selon Wald (1983), il existe les déficits suivants dans le dessin du dément : simplification, fragmentation, désorganisation ainsi que persévérations des traits.

Dans une recherche (Lesniewska, 1998b), nous avons comparé les dessins d'une maison de 105 sujets atteints de la maladie d'Alzheimer, avec ceux de 45 témoins âgés et 54 témoins jeunes. Parmi les 27 erreurs distinguées dans la représentation d'une maison, cinq se sont avérées statistiquement significatives par rapport aux témoins âgés :
1. Déformations des éléments : 83% des dessins des sujets Alzheimer
2. Omissions des éléments principaux (porte, toit, ligne de base...) : 70% des dessins
3. Absence de verticalité de la maison : 42% des dessins
4. Incongruités (maison-visage, fenêtres à boutons, poignée sans porte, toiture sans toit...) : 37% des sujets
5. Morcellement (représentation éclatée du dessin, porte en dehors de la maison...) : 17% des sujets.

Plus récemment (Lesniewska, à paraître), nous avons proposé une échelle de cotation du dessin de la maison en 50 points, en comparant des dessins de personnes âgées normales et ceux de démentes. Ces derniers ont des scores statistiquement plus bas (20 points) par rapport aux scores des personnes non démentes (25 points).

Dessin en tant que moyen d'art-thérapie

Etant donné ces troubles apraxiques, on peut se demander si la peinture est compatible avec la maladie d'Alzheimer.

Pour essayer de répondre à cette question, il faut faire une distinction entre les patients qui étaient artistes avant la manifestation de la maladie et ceux qui commencent seulement à créer spontanément au cours de la maladie. Il nous semble que, comme pour d'autres types de troubles psychiatriques (schizophrénie par exemple), la maladie n'empêche pas la créativité chez l'artiste, elle change toutefois son expression et son langage. On peut citer l'exemple de Kooning, considéré comme un des maîtres de l'art abstrait, atteint à 70 ans de maladie d'Alzheimer et peignant encore davantage de « façon nouvelle et améliorée » (Espinel, 1996, Christen, 1996).

Si les difficultés et les déformations dans les dessins des patients déments sont évidentes, leur amélioration est possible et les possibilités thérapeutiques sont importantes.

Notre propre expérience sur les dessins de la maison, exécutés par des sujets déments (Lesniewska, 1995) démontre que le moment d'apparition des troubles praxiques et leur degré de sévérité peuvent différer d'un sujet à l'autre et que les praxies sont fortement influencées par le niveau d'éducation. Par ailleurs, si le dessin sur ordre est atteint assez tôt, la capacité d'effectuer la copie d'un modèle peut être préservée plus longtemps : selon les recherches de Moore (1984) et Ska (1987), les reproductions de modèles simples par des sujets déments sont plus riches en détails, de plus grande taille et avec moins d'erreurs que le dessin sur ordre. D'autre part, plusieurs recherches montrent, chez des patients déments présentant des troubles cognitifs sévères, une conservation des habiletés spécifiques dans des domaines où les patients avaient atteint un niveau d'expertise élevé, comme peindre, jouer du piano etc. (Van Der Linden, 1998).

En tant que psychologue et art-thérapeute, nous avons suivi 96 patients présentant des pathologies différentes (troubles psychotiques, dépression, démences...) ayant fréquenté deux ateliers de peinture : l'un au Centre Hospitalier E. Roux (département 94) et l'autre au Centre Hospitalier d'Arpajon depuis 1984. Parmi nos publications, trois d'entre elles ont été consacrées à la description de ces ateliers (Lesniewska, 1990,

1995, 2002) et nous avons essayé d'y montrer l'utilité de ce type d'activité.

Dans ce chapitre nous allons présenter uniquement la peinture de patients déments.

Objectifs

Les objectifs de notre atelier sont triples :
1. Objectif esthétique : créer des dessins et des peintures d'une certaine valeur esthétique
2. Objectifs psychomoteurs et rééducatifs : stimuler les fonctions perceptives et intellectuelles impliquées dans l'acte de dessiner : attention et concentration, analyse et coordination visuographique, activité gestuelle, processus d'abstraction, orientation spatiale...
3. Objectif psychothérapeutique : au travers d'une activité créative et d'un produit valorisé socialement, améliorer l'humeur du patient et ses relations avec les autres.

Recrutement de l'atelier

La plupart des patients déments (88%) ont été invités à l'atelier de peinture par une tierce personne (ainsi dans l'ordre décroissant : par nous même, animatrices, surveillantes) et trois patients seulement sont venus à leur demande. Il est évident que le désir de créer n'existe pas spontanément chez le dément. Ceci souligne le rôle majeur de la stimulation par l'entourage du malade pour le mettre en confiance et combattre ses doutes quant à ses potentialités artistiques.

Nombre de patients déments et non-déments

Le nombre de participants dépassent rarement six, car l'atelier de peinture en institution est « élitiste », la plupart des résidents ne sont pas attirés par cette activité. Parmi ce groupe de participants, « se glissent » 2 ou 3 patients déments. Cette situation suppose une bonne dose de tolérance de la part de patients non-déments, qui, au départ, réagissent mal : à cause de leurs troubles, tels que dépression, éthylisme, ils sont déjà fragilisés et il est important de les prévenir et de leur expliquer l'utilité de leur participation commune.

Si cette co-habitation est vécue comme angoissante pour des résidents non-déments, elle est profitable aux patients déments dont les troubles du comportement diminuent et, qui, par imitation, copient les gestes et le style de peinture des autres patients. Toutefois, comme Païn et al. (1994) dans le cas des enfants délirants, nous prenons soin de ne pas amener à l'atelier des déments agités ou déambulants pour éviter de déstabiliser le groupe.

Matériel

Nous mettons à la disposition de nos patients un ensemble de matériel diversifié, disposé sur une table à part (gouaches, aquarelles, huiles, feutres, pastels, crayons, etc.) et nous les incitons à faire leur choix. Des papiers de format différents et des livres d'art, présentant des époques et styles différents, sont exposés sur une autre table. Nous incitons les patients à peindre « de l'imaginaire », mais ceux qui sont en manque de sujet (la majorité) peuvent feuilleter les reproductions et s'en inspirer ou en recopier une selon leur choix. En effet, nous accordons une très grande importance à la copie en tant que technique universelle d'initiation à la peinture : tous les grands peintres ont débuté leur activité artistique par des copies de maîtres (voir à ce sujet le catalogue « Copier-créer, de Turner à Picasso, 300 œuvres inspirées par les maîtres du Louvre », Couzin, 1993). Nous sommes très proches ainsi dans notre démarche, de la conception de l'art-thérapie de Denner qu'elle pratique avec les patients psychotiques : « Les méthodes d'observation du réel que nous allons décrire, consistent, certes, à peindre des objets concrets, placés sous les yeux, et cet exercice requiert quelques apprentissages ; observation, mesures, étude des proportions, des couleurs, etc. » (1967, p. 96). Il est évident qu'un choix judicieux des reproductions s'impose : il est plus facile de copier un paysage de Van Gogh qu'une oeuvre de Corot ou de Ruysdael.

Nous avons rassemblé, au fil des années, un grand nombre de catalogues thématiques, du plus simple : « Fleurs », « Fruits », au plus complexe, comme « Paysages », « Portraits »... (Annexe 6).

Fonctionnement

L'atelier de peinture est ouvert à tous les patients après un entretien préalable avec nous : il s'agit d'évaluer la possibilité d'intégration du patient dans le groupe, ses motivations et ses handicaps cognitifs.

L'atelier fonctionne une fois par semaine de 14H à 17H, dans une salle polyvalente, servant en principe de réfectoire, comprenant quatre tables, des chaises, une armoire pour les archives et le matériel de peinture. Il est animé par nous même et une animatrice sachant dessiner. Contrairement à la plupart des art-thérapeutes (Païn et al., 1994), nous peignons nous même au cours de séance avec les patients. En effet, notre plaisir, la passion de peindre ou de dessiner est contagieuse et provoque un certain niveau de tension positive et de concentration, surprenantes d'ailleurs de la part de ces patients.

Toutes les œuvres sont soigneusement numérotées, cataloguées et décrites sur des fiches de cotation du comportement et des productions, afin de pouvoir mettre en évidence une évolution. En effet, nous sommes convaincus (comme Sudres, 1993, 1996, Dubois, 1998) qu'il est possible, voire nécessaire, de quantifier les productions de l'art-thérapie.

Les œuvres sont rangées dans des cartons personnels, gardées dans l'armoire institutionnelle et seulement à titre exceptionnel, peuvent être offertes aux participants à l'occasion d'un anniversaire ou de Noël ou pour décorer leur chambre. Cela peut paraître arbitraire, mais notre expérience nous montre que le patient dément ne conserve ni ne prend soin de son œuvre, qui se retrouve souvent détruite, déchirée ou abandonnée dans un coin.

Production picturale spontanée

De façon générale, comme pour la schizophrénie, on peut distinguer dans la démence les formes « productives » et « déficitaires » ou, comme pour la dépression, des formes « agitées » et « apathiques » (Jouvent et al., 1991 ; Thomas, et al., 2000). Les patients « apathiques » ont une tendance générale à la restriction aussi bien au niveau des formes que des couleurs, contrairement aux patients « agités » qui multiplient les couleurs et les formes. Cette distinction correspondrait aussi au type pictural « thymique », avec signes d'excitation ou d'inhibition (Chemama et al., 1982).

D'autre part, certains chercheurs soulignent une déficience de la reconnaissance visuelle sans troubles perceptifs lors de la maladie d'Alzheimer. Ainsi les tests de reconnaissance visuelle sont significativement perturbés chez ces patients, l'épreuve la plus déficiente portant sur la discrimination figure/fond (Mendez et al., 1990, Van der Linden, 1994).

La production spontanée des déments, par rapport aux autres patients est de façon générale monochrome, non figurative, mal composée sur une feuille (avec vides, souvent dans un coin), le sujet est de petite taille, souvent copié, exécuté après une incitation verbale répétée ou avec aide manuelle).

Techniques d'animation

Nous utilisons plusieurs techniques de traitement, développées par des comportementalistes pour des troubles praxiques.

1/ Rééducation de déficits spécifiques

Il faut souvent réapprendre les gestes pour dessiner, peindre, rincer, essuyer les pinceaux... en associant des méthodes d'interventions comportementales à la technique d'estompage des indices (Van der Linden, 1998, Ylieff, 2000) : commencer par une aide manuelle totale ou partielle, ébauche, imitation, incitation verbale ou gestuelle, répétition des consignes. Par exemple : pour un malade très apraxique, il est nécessaire d'effectuer le tracé devant lui ou même de guider sa main.

2/ Modification de l'environnement physique

Il est important d'aménager le local d'art-thérapie et la table de travail selon la règle des quatre « S » : Sécurité, Simplicité, Stabilité, Structure (Drera, 1999) :
- *Sécurité :* prévenir les incidents liés à l'utilisation incorrecte des objets (boire l'eau du gobelet, manger de la peinture...)
- *Simplicité* : éliminer les sources de distraction et de dérangement, enlever tout ce qui est superflu, c'est-à-dire déposer sur la table de travail uniquement les outils pour dessiner (un crayon, une feuille blanche) ; puis, seulement le dessin terminé et le crayon enlevé, ajouter un pinceau et une boîte de gouaches.

Ce principe de simplification concerne aussi les modèles à copier. Étant donné la fréquence et le type des troubles cognitifs et comportementaux du dément (troubles de concentration et d'attention, apraxie constructive mais aussi apraxie tout court, agnosie visuelle et spatiale), il est nécessaire de procéder par étapes : proposer au début des modèles les plus simples à copier, en grand format, en couleurs primaires et contrastées, avec un contour bien visible (le contraste figure-fond), un seul objet sur la feuille. Ainsi un bon modèle pour la première séance de peinture sera, par exemple, une grosse pomme rouge sur un fond vert, format A4.

- *Stabilité* : donner toujours la même place à table pour le patient, et si possible, la présence des mêmes animateurs
- *Structure* : veiller à conserver le cadre, le caractère prévisible et routinier de la séance.

Principes de base

Comme dans n'importe quel cours de dessin pour débutants, certains principes du dessin sont à faire connaître :
- Equilibrer et centrer le motif du dessin sur l'espace de feuille sans la déborder
- Varier les couleurs
- Colorier le fond, autour du motif dessiné
- Finir un dessin avant d'en commencer un autre.

La thérapie est précédée par l'évaluation des conduites déficitaires, propres à chaque patient, reposant sur l'observation directe pendant la séance individuelle et s'appuyant sur une grille d'observation détaillée.

PATIENTS

Parmi les 40 patients déments d'âge moyen de 83,9 ans qui ont fréquenté nos deux ateliers de peinture, nous avons choisi 25 dossiers de patients déments ayant participé à deux séances consécutives au moins et séjournant en long séjour ou en maisons de retraite proches (voir le Tableau 11).

Tableau 11 – Caractéristiques des participants de l'atelier d'art-thérapie.

Age moyen	Sexe		N. S. C.				Formation artistique			M. M. S. moyen
	H	F	0	1	2	3	0	1	2	
83,4	3	22	15	7	3	0	21	4	0	10,3

N. S. C : Niveau socioculturel :
0 : Aucun diplôme.
1 : Certificat d'Etudes.
2 : Brevet.
3 : Bac et plus.

Formation artistique :
0 : Sans pratique artistique.
1 : Pratique amateur.
2 : Pratique professionnelle.

M. M. S. : *Mini-Mental State* de Folstein.

Age

La moyenne d'âge des participants à l'atelier au début de leur activité est de 83,4 ans (minimum 70 ans et maximum 95 ans, écart-type 9,4), mais cinq patientes ont 90 ans et plus. Par rapport à la population générale en long séjour, (l'âge moyen de nos patients en long séjour est de 85,4 ans, voir chapitre 4), les participants à l'atelier sont donc un peu plus jeunes. Si on regarde les différences d'âge liées au sexe, les femmes sont plus âgées que les hommes (84,6 ans pour les femmes et 75 ans pour les hommes, différences significatives statistiquement).

Sexe

Notre population comprend plus de femmes (88%) que d'hommes (12%) Cela ne veut pourtant pas dire que les femmes sont plus attirées par cette activité que les hommes : cela reflète seulement la tendance générale de la féminisation des institutions gériatriques. En réalité, c'est l'atelier qui attire le plus d'hommes non déments par rapport aux autres activités : musique, danse etc.

Niveau socioculturel

Le Tableau 11 montre que si la plupart des participants de notre atelier n'a pas eu d'instruction de base (absence de certificat d'études : 60%), 12% seulement ont le brevet et aucun le baccalauréat.

M. M. S. de Folstein

Nous avons pratiqué systématiquement (sauf chez les patients aphasiques) la mesure de fonctions cognitives à l'aide du *Mini-Mental State* déjà décrit dans les chapitres précédents (Folstein et al., 1975, Tzortzis et al., 1991). Si le score moyen de nos patients est bas : 10,3, il est plus élevé que celui de tous les autres ateliers. Cette baisse des fonctions cognitives a une répercussion flagrante sur les qualités formelles des productions des patients.

Expérience artistique

Presque 85% de nos participants n'ont eu auparavant aucune pratique de la peinture : on trouve seulement quatre peintres amateurs (qui peignaient, exposaient et même vendaient parfois leurs productions).

Certains patients évoquent un ou deux peintres de renom, (Monet, Gauguin, Van Gogh), mais la plupart ne se rappellent ni des titres de leurs tableaux préférés, ni celui des écoles artistiques, ni les noms des artistes. Cela ne les empêche pas de porter des jugements esthétiques adaptés, admiratifs ou critiques (la plupart n'aime pas les tableaux de Picasso et admire ceux de Renoir).

Devenir

Parmi nos 25 participants, 13 sont aujourd'hui décédés et 3 sont repartis à leur domicile ou ont été transférés dans un autre service. Parmi les 9 patients qui sont toujours en institution, 6 ont abandonné leur activité artistique à cause de l'aggravation de leurs troubles psychiatriques ou de leur état de santé et 3 viennent encore à l'atelier.

Nombres de séances de participation

Si on déduit les patients ayant été transférés ailleurs ou dont la participation a été interrompue par leur décès, le nombre moyen de séances pour les patients restant est de 38,8 (minimum 7 et maximum 144 séances). La plupart des patients participent donc à l'atelier pendant environ un an, mais nous avons eu deux patientes qui ont fréquenté l'atelier pendant 6 ans et plus, et ont exécuté une centaine de tableaux chacune.

RESULTATS

Nous pouvons apprécier les résultats selon trois points de vue, en fonction de nos objectifs au départ : évolution esthétique, psychométrique et thymique :

1. Évolution esthétique

La plupart de nos patients déments, même les plus atteints, *progressent* : de l'étape où ils tenaient difficilement le crayon dans leur main, jusqu'au stade d'une certaine habileté, suffisante pour reproduire les formes simples : fleurs, fruits, vase... ou simplement composer les couleurs dans une belle harmonie. Nous observons une augmentation du nombre de couleurs et de la surface occupée par le dessin.

Les patients au stade de démence débutante, arrivent à produire une œuvre d'une certaine qualité, exposée et même vendue, lors des expositions organisées à l'hôpital.

Selon Volmat (1965), seul un petit nombre de patients psychiatriques arrive à faire une production intéressante du point de vue esthétique. Notre expérience contredit ce jugement : si le recrutement à l'atelier d'art est difficile (la plupart des patients sont fatigués ou se dévalorisent, craignant l'échec), ceux qui parviennent à faire un travail à long terme, produisent une œuvre de qualité. En effet, parmi 22 patients ayant participé à 10 séances consécutives au moins, 9 (dont 3 déments sévères) ont produit une œuvre intéressante (originale, présentant un style personnel et une harmonie de formes et de couleurs).

Cette qualité artistique indéniable peut et devrait déboucher sur des expositions annuelles. Nous en avons organisé plusieurs au sein de notre hôpital, et une vingtaine d'œuvres a été achetée par les visiteurs. L'émotion, la fierté et l'encouragement pour le travail futur, telles ont été les réactions immédiates des « artistes », avec une répercussion redynamisante pendant plusieurs mois après l'exposition. *Ainsi le patient passe d'un rôle d' « assisté » au rôle d' « artiste », « donateur »* en réussissant à préserver une dignité, si fragile dans les démences.

2. Évolution cognitive et praxique

Certaines personnes montrent une amélioration du score de MMS d'environ 4 points : surtout l'orientation temporo-spatiale et l'attention s'améliorent (Lesniewska, 1995). Les patients apprennent à se servir correctement d'un crayon ou d'un feutre, à rincer le pinceau et à manier la palette de couleurs, sans surveillance ni aide. Toutefois, certains patients atteints de démence sévère, se détériorent : nous sommes conscients qu'on ne peut pas toujours renverser le processus de démentalisation déjà engagé, surtout quand la chronicisation est importante au moment de la prise en charge.

3. Changement de l'humeur

Bien que la plupart des participants de notre atelier aient souffert de troubles dépressifs au début de leur activité, nous avons assisté à une amélioration considérable de leur humeur au cours de l'évolution de leur production picturale. Ce résultat étant général dans tous nos ateliers thérapeutiques, l'expression plastique nous paraît la plus adaptée pour soigner la dépression, car la créativité suppose comme résultat un produit significatif, valorisé socialement, pouvant être accroché, admiré, signé et échappant à l'oubli, ce trouble majeur du dément. Quelle joie pour une patiente atteinte de démence sévère, dévalorisée depuis des années à cause de l'échec dans la plupart des activités quotidiennes, de montrer à sa famille et à l'équipe son propre tableau accroché au-dessus de son lit !

CONCLUSION

Notre expérience d'art-thérapie avec les patients âgés et notre observation sur le long terme nous incitent à soutenir que les troubles psychiatriques, même dans des formes extrêmes, sont compatibles avec l'art. En effet nous constatons que ni l'âge avancé, ni le bas niveau socioculturel, ni le manque de compétences artistiques, ni les troubles mnésiques, enfin, n'entravent la possibilité de produire une œuvre d'une qualité certaine. Cela exige de la part du thérapeute une attitude optimiste, enthousiaste et orientée vers la notion de *progrès*. Il existe des maîtres mots que nous répétons au cours de nos séances : « vous allez progresser », « tout le monde peut apprendre à dessiner », « il n'y a pas d'âge pour créer » pour vaincre le pessimisme et l'auto dépréciation du patient. Par ailleurs, le thérapeute doit avoir suffisamment de pratique et de sensibilité artistique pour pouvoir discerner la moindre trace de sensibilité artistique chez le patient, s'exprimant par un bon coup de crayon inattendu, par le sens subtil de la couleur, puis savoir la saisir, la mettre en valeur, la développer et surtout encourager le patient à persévérer.

Ainsi Wiart écrit : « Un art-thérapeute, pour un choix judicieux de son travail, doit avoir une double motivation et une double compétence, « psy » et artistique, quel que soit son point de départ » (1993, p. 919).

Observation 4 – Madame A.

Madame A., 81 ans, ancienne modiste, est hospitalisée en novembre 1990 pour « chutes, altération de l'état général, anorexie et placement ». La demande de prise en charge est formulée par l'équipe soignante en août 1991 pour des troubles du comportement : la patiente est insupportable, crie toute la journée : « J'en ai ras-le-bol, je veux mourir », menace de se jeter par la fenêtre, provoque des conflits incessants avec toutes ses voisines successives et, en même temps, ne supporte pas de rester seule une minute.

Lors de l'examen psychologique, la patiente est irritée, non-coopérante et vite découragée, elle a besoin d'incitations répétées pour terminer des tests. Son score au M. M. S. est de 18 (on note une désorientation temporospatiale, une apraxie et une agraphie). L'échelle de dépression de Yesavage (Yesavage, 1983) montre une dépression majeure (le score est élevé : 13 sur 15). Son traitement comporte successivement Anafranil (clomipramine) et Xanax (alprazolam). La patiente est incontinente et ne marche pas, ayant la « trouille » de tomber. Pourtant elle s'anime quand elle évoque son goût pour la décoration de la vitrine de son magasin (toujours admirée par ses clientes...), elle aime aussi associer les couleurs des vêtements aux chapeaux...

À notre invitation à l'atelier de peinture, elle refuse d'emblée, en disant « qu'elle ne sait pas dessiner ». Elle y viendra pourtant quelques mois plus tard, amenée par une animatrice, avec laquelle elle a des relations privilégiées, pour prendre un café. Lors de la première séance la patiente est angoissée, opposante, refuse de regarder les reproductions et démontre une apraxie, une apraxie constructive et une agraphie : elle ne sait pas tenir le crayon, n'appuie pas assez fort, ne regarde pas le modèle, n'arrive pas à recopier un modèle simple, se décourage vite et veut repartir. Nous dessinons avec elle en guidant sa main, et elle colorie seulement le vase dessiné avec les crayons de couleurs, en débordant les contours. Quelques séances plus tard, elle demande à peindre à la gouache et, à partir de ce moment-là, Mme A. change d'attitude : très attirée par les couleurs vives et contrastées, le plus souvent l'association du rouge et du bleu, elle prend beaucoup de plaisir à peindre. Toujours angoissée et plaintive au début de la séance, elle se calme après 15 minutes, se concentre et se « défoule » en travaillant rapidement et en finissant avant tout le monde. Elle évolue très vite, en copiant des natures mortes très librement, car elle est toujours incapable d'effectuer une copie reconnaissable.

Un an après, lors de l'exposition annuelle, l'une de ses peintures est choisie par la directrice de l'hôpital, qui, comme elle, « aime le rouge », pour décorer son bureau. Mme A. en est très fière et heureuse : « je ne savais pas que je pourrai encore faire quelque chose de bien », dira-t-elle après le vernissage. Une rééducation kinésithérapique et sphinctérienne a permis une reprise de la marche avec déambulateur et contrôle sphinctérien. La patiente crie moins et son traitement ne comporte qu'1 comprimé de Stilnox, « en cas d'angoisse la nuit ». En 125 séances, réparties sur 4 ans, elle produira une centaine de tableaux (dont plusieurs seront vendus).

Annexe 6 – Catalogues et livres d'art

Catalogues et livres d'art les plus copiés par nos patients :
- *Imagier de la nature* – Père Castor (Flammarion)
- *Fleurs* – J. P. Redouté (Bibliothèque de l'Image)
- Van Gogh
- Kandinsky
- Rousseau
- Matisse
- Macke
- Cézanne

Récupération (reproductions diverses, découpées dans les journaux et rassemblées dans des cahiers) :
- Fleurs
- Natures mortes
- Paysages
- Oiseaux exotiques
- Portraits.

CHAPITRE 10

ETUDE DE CAS

Ce cas, présenté déjà par nous ailleurs (Lesniewska, 1999b) a été choisi car il nous a paru intéressant à double titre :
1. La patiente décrite présente une démence sévère, et pour laquelle l'équipe médicale a constaté « qu'il n'y avait plus rien à espérer » et que les troubles « étaient l'évolution naturelle de la maladie ». Le progrès et l'amélioration de cette patiente prouvent, *qu'il y a toujours quelque chose à faire,* et qu'il n'y a pas « d'évolution naturelle de la maladie » sauf si, justement on laisse le patient sans aide et sans prise en charge.
2. Cette patiente a participé à presque tous les ateliers thérapeutiques, ce qui nous permet de démontrer la spécificité des différentes approches et une accumulation des bénéfices liés à chaque atelier.

La prise en charge de Mme C. nous est demandée par le médecin du service en juin 1998 pour des troubles de l'humeur, apathie et refus de s'alimenter.

HISTORIQUE

Mme C. est une ancienne commerçante de 79 ans, veuve depuis 20 ans, vivant chez son fils unique. Elle a subi un triple pontage coronarien en 1992, souffre d'un diabète non-insulinodépendant et d'un goître thyroïdien.

Notre première rencontre avec Mme C. se situe en novembre 1997. Âgée à ce moment-là de 78 ans, elle est amenée par son fils pour un bilan des fonctions supérieures en consultation externe.

Il souligne que Mme C. est agitée, incohérente, présente des troubles du langage et de la mémoire, ainsi qu'un délire de persécution. Le scanner est normal et le diagnostic de démence Alzheimer probable est posé (avec un MMS de Folstein de 12 sur 30 et l'ADAS cognitive de 34 sur 70). La patiente rentrera à la maison où elle habite avec son fils et sa petite fille.

La patiente est hospitalisée deux mois après sa consultation externe pour « œdèmes des jambes et troubles du comportement ». La patiente est désorientée dans le temps et dans l'espace, déambule sans cesse, anxieuse et triste, tient des propos dépressifs. Est traitée par Athymil, Valium et/ou Haldol « si agitée ». Puis le traitement par Aricept est prescrit en avril 98, d'abord à la dose de 5 mg, puis, au bout d'un mois, de 10 mg. À la demande de la famille, le placement dans une luxueuse maison de retraite de la région est effectué, malgré l'opposition de la patiente, attachée au personnel et à une voisine de chambre. La patiente y restera un mois.

Après un mois de séjour, elle est transférée de la maison de retraite à notre l'hôpital pour « altération de l'état général » : incontinente, grabataire, elle ne marche plus, elle ne se nourrit plus, apathique, incohérente ou mutique, reste alitée toute la journée.

ANALYSE FONCTIONNELLE

- **Structure acquise prédisposante :**

Se décrit, au départ, comme étant « très fragile dans sa jeunesse », ayant vécu une vie très triste car sa mère a quitté le foyer et son père buvait. Était souvent « dépressive » dans sa jeunesse.

- **Facteurs déclenchants des premiers épisodes dépressifs :**

Depuis des années elle est confrontée à un stress chronique très important : le handicap de sa petite fille ainsi que le décès de son mari en 1978. Par ailleurs le triple pontage et les premiers symptômes démentiels ont aggravé sa symptomatologie dépressive.

- **Facteurs déclenchants actuels :**

L'épisode actuel semble avoir été précipité par une nouvelle perte : le placement en maison de retraite puis à l'hôpital, avec l'abandon forcé du domicile où elle vivait depuis des années avec sa petite fille et son fils.

- **Facteurs de maintien et d'aggravation**

L'aggravation de symptomatologie démentielle de la patiente (troubles aphasiques, non-reconnaissance de ses enfants, incontinence), a provoqué des commentaires négatifs de sa famille envers leur mère « si changée ». La patiente se rend parfaitement compte de ces critiques et devient agressive et opposante.

Evaluation des troubles

a. Symptomatologie dépressive

Ralentissement, apathie, tristesse, insomnie, anorexie. La patiente se déprécie à outrance, n'acceptant aucun compliment : « Je ne suis plus rien », « je ne vaux rien », « tout est fini à présent », « ce n'est pas la peine, c'est perdu ». « L'Échelle de Dépression » de Cornell démontre une dépression importante : le score est de 27 sur 38 (voir chapitre 3 pour la description des échelles).

b. Symptomatologie cognitive

Troubles de mémoire, désorientation temporospatiale, alexie, agraphie, troubles du langage avec anomie, périphrases, troubles de l'attention et un début d'apraxie constructive. Le score au *Mini-Mental State* est de 1 sur 30.

c. Troubles du comportement

Agitation nocturne, elle étale et mange ses matières ; souvent agressive, s'oppose à sa famille et aux soignantes ; hallucinations auditives (entend « une abeille » ou « une grosse mouche ») ; non-reconnaissance ou négation de filiation (« Mon fils ? Mais je n'ai pas de fils ! ») : le score à « Échelle Neuropsychiatrique » de Cummings est de 79/144).

d. Dépendance

Doit être nourrie à la cuillère ; est incapable de s'habiller ou de se laver ; incontinence urinaire et fécale ; elle est valide mais passe la plupart du temps dans son lit.

e. Activités journalières

Il est impossible de la stimuler pour une activité quelconque : elle ne fait rien, ne veut même pas regarder la télévision ni feuilleter des magazines : « N'insistez pas, cela ne me dit rien » : le sous-score Modifications des Habitudes de « l'Echelle d'Autonomie » de Blessed est de 9/9.

f. Attitude pendant les tests

Triste, sans sourire, elle ne regarde pas dans les yeux, ne serre pas la main tendue, ne dit pas bonjour, gémit : « hm, hm, oui, oui, hm... », répond à une question sur deux, de façon vague : « c'est difficile à dire », « je ne sais pas », « je ne peux pas vous dire », « oui et non », « cela dépend ». S'oppose, et rompt l'entretien avec nous par « Bon, je suis fatiguée, arrêtez ».

L'application des critères du D. S. M. IV permet de confirmer le diagnostic de démence de type Alzheimer à début tardif, avec humeur dépressive (290.21), accompagnée de troubles du comportement.

Evaluation des capacités restantes

Après avoir effectué un examen neuropsychologique de la patiente qui montre une détérioration sévère de ses fonctions supérieures, nous avons procédé à un bilan de ses capacités restantes, sur lesquelles nous pourrons nous appuyer pour effectuer une prise en charge comportementalo-cognitive.

a. Fonctions cognitives :

- lecture : peut lire quelques mots et de courtes phrases, écrites en gros caractères, comme « FERMEZ LES YEUX », « OUVREZ LA BOUCHE ».
- langage oral : sait décrire son état de façon adaptée à la situation : en employant des mots simples : « Je ne veux pas », « cela ne me dit rien », « je suis fatiguée » « c'est joli ».
- compréhension : répond bien à quatre ordres simples sur dix ; comprend des questions plus compliquées si elle peut s'appuyer sur un matériel visuel concret (faire le choix d'une robe ou d'un vernis à ongles).
- gnosies visuelles : reconnaît trois visages célèbres sur cinq ((Reine d'Angleterre, Michèle Morgan, de Gaulle) ; reconnaît 5 couleurs sur 10 (rouge, verte, bleue, jaune, blanche)
- praxies constructives : sait copier trois figures sur cinq (ligne droite verticale, cercle et carré)
- attention : sait épeler à l'endroit trois lettres du mot « monde ».

b. Fonctions sociales et politesse

Embrasse son fils, dit « merci » et « au revoir » une fois sur deux, laisse passer un visiteur devant elle.

c. Autonomie physique

Valide, vision corrigée par des lunettes, entend bien.

d. Capacités d'expression artistique

- chante juste, voix agréable ;
- si on la guide, elle est capable de danser le slow en respectant le rythme ;
- capable de faire des choix et des appréciations esthétiques (par exemple, elle dit aimer Tino Rossi ou détester la peinture abstraite).

Cette analyse minutieuse des possibilités restantes de Mme C. et le bon contact que nous avons avec elle, nous encouragent à entreprendre une thérapie comportementale et cognitive. Nous avons une image positive de cette femme d'un certain niveau socioculturel, aimant les arts et ayant été plutôt créative dans le passé. Nous pensons qu'en nous appuyant sur ses capacités restantes, nous parviendrons à obtenir une diminution de son état dépressif, une meilleure adaptation sociale et ainsi une amélioration de sa qualité de vie.

Formulation des hypothèses

Sur le plan comportemental, nous avons pensé que la patiente est confrontée depuis le départ de son domicile et son placement en milieu hospitalier à une diminution, voire à une absence de renforcements positifs émanant de son milieu. En effet, la maladie en progressant, a accentué les problèmes aussi bien des fonctions supérieures que de l'autonomie. En conséquence de quoi la patiente a été confrontée à des échecs dans chaque acte de la vie quotidienne. Nous avons donc pensé qu'il fallait augmenter progressivement le registre des activités autonomes qui pourrait lui apporter un succès, même minime, et le plaisir, jugées comme irrécupérables par la patiente. Cela impliquait de travailler au niveau de ses capacités restantes (sa belle voix, son talent pour la peinture et pour la danse) et d'éviter les situations où elle pourrait être à nouveau mise en échec.

Suite à toutes ses contrariétés dans les activités quotidiennes et dans le rapport aux autres, (conduisant à des critiques ou des moqueries), Mme C. a développé une véritable phobie sociale, évitant de sortir de sa chambre et d'engager une conversation avec quiconque. Nous avons pensé que la désensibilisation systématique pourrait lui être proposée, en graduant des tâches sociales de plus en plus complexes.

Par ailleurs, il nous a semblé qu'il fallait travailler sur ses cognitions dysfonctionnelles même de façon très simple : le perfectionnisme de la patiente, qui raisonne sur le mode du « tout ou rien », l'empêche d'entreprendre une activité quelconque. « Ce n'est plus comme auparavant », « tout est fini maintenant » ; « avant je peignais bien », « j'ai chanté dans une chorale mais c'est du passé » dit-elle souvent.

La culpabilité et la honte de la patiente envers ses déficits provoquent par ailleurs l'abandon de tous les actes quotidiens : « c'est honteux de devenir comme ça », « c'est de ma faute si je ne peux plus rien faire ».

La patiente pleure souvent car elle ne voit plus sa famille laquelle effrayée par la détérioration brusque de leur mère, fuit la relation avec elle.

Nous avons pensé, que le contact avec sa petite fille et les permissions chez son fils pourraient apporter à Mme C., très affectueuse de nature, des renforcements positifs et donc améliorer son humeur.

THERAPIE COMPORTEMENTALO-COGNITIVE

La prise en charge individuelle a débuté le 4 juin 1998 et a duré 25 séances bihebdomadaires de 15 à 30 minutes. La prise en charge en groupe (art-thérapie, musicothérapie, danse-thérapie) a débuté en janvier 1999 et a duré 30 séances bi-hebdomadaires d'une ou deux heures. Traitement le jour de la prise en charge : Aricept 10 mg depuis deux mois, Haldol puis Tiapridal « si agressive ou agitée ».

Nous avons organisé la thérapie en plusieurs étapes structurées, expliquées dans le chapitre 3, en appliquant des méthodes comportementalo-cognitives en fonction des comportements problèmes les plus urgents à traîter.

1. Aménagement de l'environnement

Nous intervenons auprès de l'équipe soignante pour un changement de chambre et le rapprochement de lieux de convivialité : en fait, Mme C, placée dans une chambre individuelle, éloignée de l'infirmerie est très isolée, voit peu de monde. Mme C. sera transférée dans une chambre à 3 lits, proche de l'infirmerie, où, de plus elle pourra profiter des visites des familles de ses deux voisines, en engageant la conversation avec elles.

Nous proposons l'installation d'un poste de télévision dans sa chambre.

2. Techniques pour accroître le niveau d'activité

Selon Lewinsohn, (1975) la dysphorie serait le résultat soit du faible taux de renforcements positifs, soit au contraire, d'un taux élevé de punitions. Nous tenterons donc d'augmenter le nombre d'activités agréables, en effectuant une analyse détaillée des distractions préférées de notre patiente.

Suite à l'analyse des échelles des loisirs précitées, remplie avec la patiente d'abord, puis complétée par son fils, nous avons relevé plusieurs activités appréciées. Dotée d'une sensibilité esthétique, elle aime « tout ce qui est beau » : les bijoux, les parfums, les chats, la musique. A fait de la peinture en tant qu'amateur. S'intéressait à la mode, a été abonnée au *Madame Figaro* et à différentes revues de mode. Très coquette, elle adore s'habiller, avoir une belle coupe de cheveux, des ongles longs et très rouges, du maquillage.

La passation du questionnaire de préférences pour la musique (voir l'annexe du chapitre 7 sur la musicothérapie) nous apprend que Mme C. chante bien et juste, avec plaisir, mais ne se souvient que de deux ou trois paroles d'une chanson. Dit aimer « un peu de tout, mais ni la musique classique ni l'opéra ». N'est pas capable de chanter une mélodie spontanément, mais la suit immédiatement quand nous la chantons. Aimait danser surtout « la valse » (mais pas la valse musette car c'est pour des « ploucs »), il s'agit plutôt de valses de Vienne et des danses de salon. Toutefois, elle refuse de venir aux ateliers en groupe : « plus tard, quand je serai mieux ».

À partir de ces distractions évoquées, nous avons établi un plan d'activités à pratiquer par la patiente de façon progressive :

Activités dans sa chambre : mai 98
- Apport de magazines : *Point de Vue*, *Madame Figaro*, *3 Suisses*. Nous feuilletons avec elle ces magazines et nous commentons les images retenues par la patiente
- Vision des émissions à la TV : « Chance aux chansons » ; documentaires sur les animaux
- Achats de produits de beauté et de parfum
- Se maquiller, se faire belle, se parfumer
- Visites de sa famille.

Activités en dehors de sa chambre.
- Se promener dans le couloir : 06.98
- Descendre chez la coiffeuse : 09.98
- Prendre un café à l'animation : 10.98

- Participer passivement à un atelier comme « Films comiques » : 11.98
- Participer activement aux ateliers d'expression tels que l'atelier de musique et de danse : 01.99
- Participation à l'atelier de peinture : 03.99

3. Stimulation cognitive

Il s'agit de proposer des stratégies compensatoires permettant à Mme C. de se faire mieux comprendre et de mieux comprendre les autres ainsi que diminuer sa désorientation temporospatiale.

Nous accrochons un grand calendrier mural face à son lit et une éphéméride avec la date du jour. L'équipe soignante et la famille doivent noter leurs visites et arracher la feuille de la journée écoulée.

Nous utilisons systématiquement la *Reality Orientation* : rappel de la date du jour, du lieu, de notre prénom et celui de la patiente (car elle ne réagit plus à son nom). Comme elle a tendance à regarder par terre, nous essayons d'établir et de maintenir le contact visuel en l'appelant par son prénom : « Mme C., regardez-moi ! » Ce contact visuel évite à la patiente de se disperser et permet de maintenir son attention en éveil.

En suivant les conseils de Rousseau (1995), nous parlons lentement, en utilisant un langage simple, en segmentant les consignes en étapes ou en phrases courtes, nous usons des répétitions pour se faire bien comprendre et pour compenser les troubles aphasiques de la patiente.

Comme Mme C. peut encore déchiffrer les mots écrits en gros caractères, nous écrivons l'activité du jour sur une feuille que nous laissons sur sa table de nuit, p. ex. « ATELIER DE PEINTURE, MARDI, 14 HEURES ».

4. Thérapie cognitive de dépression

Nous compensons la faible estime de soi de Mme C. par un aménagement des conditions favorisant des expériences positives (danse, chant, peinture) et manifestons de l'intérêt aux moindres réussites de la patiente.

Ses idées négatives dysfonctionnelles sont combattues systématiquement par nous, au moyen de phrases toujours simples et compréhensibles du style : « il n'y a pas d'âge pour s'améliorer », « chacun a le droit de s'amuser », « si on ne fait rien c'est encore pire », « cela ne sert à rien de ruminer », « plus vous ruminez, plus vous êtes triste », « qu'est-ce que vous risquez ? », « chanter ça fait du bien », etc. Ces phrases courtes sont bien comprises par la patiente qui confirme être d'accord avec elles. Quand la patiente s'accuse de ne plus pouvoir rien faire, nous la déculpabilisons en répétant « c'est la maladie de la mémoire », « ce n'est pas votre faute ». Pour renarcissiser cette patiente en échec depuis si longtemps, nous la gratifions en utilisant très largement les stratégies de renforcement, en la félicitant pour chacun de ses actes réussis (son élégance, sa voix juste, une valse bien dansée ou des couleurs bien assorties dans son tableau).

RESULTATS THERAPEUTIQUES DE MADAME C.

Comme le montre le Tableau 12, l'amélioration concerne tous les aspects de son comportement : après un an de thérapie, le score au MMS augmente de 1 à 7, les troubles du comportement diminuent (disparition du délire de persécution, de l'incontinence et de l'agitation nocturne). Les symptômes dépressifs s'estompent (elle sourit, adore les compliments, se maquille et s'habille avec le raffinement d'autrefois, demande régulièrement à aller chez le coiffeur et veut se faire teindre les cheveux en roux).

Elle participe à toutes les activités institutionnelles et à tous les ateliers thérapeutiques (atelier de musique, de danse) où elle reçoit des compliments pour son élégance, sa belle voix et son sens du rythme. Elle fait des progrès à l'atelier de peinture : si elle ne peut plus, comme avant sa maladie, peindre de façon réaliste, elle exécute des productions « abstraites », en associant des couleurs claires, vives et harmonieuses (avec une préférence pour le vert) et en y prenant beaucoup de plaisir. Quand nous accrochons un de ses tableaux à côté de son lit, elle appelle, radieuse, tous les passants, en le leur montrant fièrement : « Venez voir, c'est à moi, c'est moi qui l'ai fait ».

Tableau 12. Résultats de la thérapie de Mme C.

TESTS	M. M. S.	N. P. I.	E. D.	E. A.
Pré-test du 05. 1998	1	79	27	9
Post-test du 06.1999	7	18	4	3

M. M. S. : *Mini-Mental State* (Folstein et al., 1975) ;
N. P. I. : *Neuropsychiatric Inventory* (Cummings et al., 1990) ;
E. D. : Échelle de Dépression de Cornell, (Alexopoulos, 1988) ;
E. A. : Sous score « Modifications des habitudes » de l'Échelle d'Autonomie de Blessed (1968).

Post-cure 1 an

Les résultats se maintiennent plusieurs mois. Mais régulièrement, pendant les vacances, en absence de l'équipe d'animation et des ateliers thérapeutiques, donc en absence d'activités agréables, Mme C. rechute, redevient triste et opposante, régresse en devenant incontinente, refuse de manger et de prendre ses médicaments.

Nous recommençons le suivi systématique à raison de deux, puis une fois par moiset ce, jusqu'à maintenant.

CONCLUSION

Il nous semble important d'agir principalement sur les facteurs communs des patients en long séjour : absence de projet, d'un objectif quelconque dans la vie et 'impossibilité de faire un choix.

En effet il appartient aux thérapeutes de proposer des activités agréables et de s'opposer ainsi aux ennemis de l'institution gériatrique que sont l'ennui et l'absence de plaisir. Chaque patient dément, même très détérioré, peut tirer beaucoup de plaisir d'activités agréables.

Une personne démente présente souvent, à côté de troubles cognitifs, d'autres symptômes, comme la dépression, l'anxiété, et des troubles du comportement. Cette symptomatologie plurifactorielle demande une prise en charge multidimensionnelle, associant aux techniques comportementalocognitives classiques, des techniques spécifiques comme la stimulation cognitive ou des ateliers d'expression artistique. Le cas de Mme C., présenté ci-dessus, prouve, que l'amélioration des troubles du comportement et cognitifs ainsi que la disparition des symptômes dépressifs, est possible, même chez des patients quasi grabataires au départ.

L'amélioration des symptômes dépressifs conduit à l'atténuation des troubles associés. L'utilisation de programmes d'activités agréables comme le traitement de la dépression est particulièrement adaptée à la vie en institution gériatrique où les patients déments sont souvent maintenus jusqu'à leur décès.

CONCLUSIONS

De nombreux travaux montrent que la dégradation des patients déments n'est pas un processus irréversible : en effet, il apparaît que la démence n'entraîne pas d'altération de toutes les facultés en même temps et que, par ailleurs, les déficits cognitifs et comportementaux, dans la maladie d'Alzheimer, n'évoluent pas de façon continue et inexorable. Il existe toujours et malgré tout des facultés résiduelles : c'est le principe de l'extraordinaire hétérogénéité des symptomatologies et des évolutions (Ylieff, 1989, Ritchie et al., 1992, Van Der Linden, 1994).

Notre expérience acquise auprès des patients nous permet en effet de valider l'hypothèse de Ploton (1995) sur « l'existence d'une vie psychique inconsciente chez le dément ». Non seulement le dément réagit aux stimulations, mais nous avons été souvent surpris par son langage poétique, son sens de l'humour, ses signes d'attachement et de reconnaissance : baisers, compliments, gestes et mots tendres, remerciements. C'est peut-être pour ces raisons que nous trouvons le travail avec des patients déments enrichissant et gratifiant, nous réservant fréquemment des surprises et des enchantements.

Si la détérioration du pôle intellectuel paraît à la longue inévitable, il existe « le retour au pôle perceptivo-affectivo-moteur » (Perruchon, 1994) dans les démences sévères, d'où une place, selon cet auteur, pour les thérapies non-verbales, médiatisées : l'art-thérapie, la musicothérapie, la danse-thérapie.

La notion-clé des ateliers thérapeutiques est selon nous le *progrès* : chaque activité devrait pouvoir permettre au patient de développer des capacités spécifiques et surtout de le persuader qu'une amélioration est toujours possible et *qu'il n'y a pas d'âge pour progresser, apprendre et s'amuser*. Cela rejoint la notion d'anticipation, développée par Pélicier qui signifie « un projet personnel d'existence à long terme » (1992, p. 7) ou encore « le mouvement par lequel l'homme se porte de tout son être au-delà du présent dans un avenir, proche ou lointain, qui est essentiellement son avenir » (Sutter et al., 1991, p. 5).

Comme pour les enfants autistes, pour lesquels la prise en charge comportementale peut durer jusqu'à 5-6 ans (Debot-Sevrin, 1989), la prise en charge du dément en institution est de plus longue durée qu'en ambulatoire : les patients, souvent placés jusqu'à leur mort, (vivant en institution parfois même pendant 10 ans) et n'ayant que très peu d'autonomie, nécessitent 25 à 40 séances de thérapie comportementalo-cognitive, suivies de leur participation aux ateliers thérapeutiques, sans limitation de temps, (parfois pendant des années), jusqu'à la fin de leur vie.

L'efficacité des psychothérapies intégratives des états démentiels en institution n'est plus à démontrer : l'association de la thérapie comportementalo-cognitive et des thérapies médiatisées peut apporter une amélioration significative des troubles du comportement et de l'humeur, souvent majorés en raison de l'inactivité, de l'ennui et du manque de renforcements positifs en institution.

En effet, le but principal de la psychothérapie du patient dément devrait être de préserver sa *dignité*, si chère à Drera (1999) en lui redonnant un statut d'être humain. Pour cela il suffit de rechercher, de mettre en valeur et de faire se développer même la plus petite faculté résiduelle du patient. D'autre part, comme explique Cyrulnik par rapport aux enfants « incurables », il faudra seulement « disposer autour des blessés quelques-uns tuteurs de résilience » (2001, p. 260), pour qu'ils se transforment de vilains petits canards en cygnes.

PERSPECTIVES

S'il paraît réalisable de sauver certains individus, plus attachants et plus coopérants que d'autres, avec des méthodes décrites ci-dessus, il est nécessaire, pour faire évoluer et transformer l'image encore terrifiante de la masse morose, passive et souvent grabatisée de l'ensemble de la population gériatrique, de révolutionner les mentalités de tous les acteurs. En effet, pour réussir cette transformation du dément, quatre changements majeurs nous semblent indispensables :

1. Changement des mentalités

Changement des mentalités autour de la notion d'incurabilité et d'absence de vie psychique chez le dément, en lui redonnant le statut d'être humain, accessible à la psychothérapie. Cyrulnik appelle au changement des représentations sociales face aux enfants orphelins qui peuvent devenir résilients et non des délinquants à condition de favoriser les facteurs de résilience. Dans le même sens, nous insistons sur la possibilité de rééducation, au moins partielle, du patient dément, à condition d'une prise en charge précoce par une équipe pluridisciplinaire formée ainsi que par un entourage stimulant.

2. Changement de l'organisation de l'institution gériatrique

Aux propositions de Ploton (1995) sur « l'institution de l'an 2000 », nous ajoutons la nécessité de créer un département d'animation, prenant l'allure d'une véritable *Maison du 3 ème âge et de la Culture,* dans laquelle chaque patient pourrait trouver une place dans un atelier thérapeutique selon son mode d'expression préféré et selon un *plan individualisé d'activités* élaboré en collaboration avec une équipe spécialisée. Il s'agit toutefois de l'animation dans le sens de la thérapie, visant la stimulation sensorielle, cognitive et sociale et qui devrait faire partie intégrante des soins dispensés par le psychothérapeute.

3. Formation obligatoire spécifique à la démence

Formation obligatoire spécifique à la démence de tout le personnel soignant, des psychologues, art-thérapeutes, animateurs, mais aussi des médecins, soignants et responsables de l'établissement gériatrique. Ceci rejoint d'ailleurs la proposition de Girard (2000) sur la nécessité « d'inscrire dans tous les cycles de formation des professionnels, un enseignement sur les démences, y compris en dehors des enseignements de gériatrie » (p. 41).

Dans cet objectif il serait intéressant de créer un Diplôme Universitaire « Approches Psychothérapiques des Démences » (comme il existe le Diplôme Universitaire de « Psycho-Oncologie »), destiné aux psychiatres, psychologues, art-thérapeutes mais aussi aux médecins gériatres, infirmiers, kinésithérapeutes, orthophonistes, travailleurs sociaux, impliqués dans la prise en charge des patients atteints de démence. Ce D. U. comporterait des stages cliniques de participation aux ateliers thérapeutiques supervisés.

4. Changement de mentalité des psychothérapeutes en institution

Winnicott déclare : « Le thérapeute qui n'est pas capable de jouer n'est pas fait pour ce travail ! » (1971, p. 76). Muret écrit : « Thérapeutes, soyez des poètes » (1983, p. 45). En effet, pour stimuler le patient dément, souvent passif et apathique, le psychothérapeute devrait savoir passer d'une activité à l'autre, même s'il les estime inconciliables : de l'évaluation des fonctions cognitives à la psychothérapie ; de la clinique à la recherche ; de la thérapie comportementale aux art-thérapies ; de la peinture au chant. Cela demande au comportementaliste la capacité à élargir le champ de ses actions habituelles, de « développer son imagination, peindre, écrire, faire du théâtre » (Muret, ibidem, p. 169). Mais il faudra par ailleurs, et peut-être avant tout, faire preuve de qualités pour lesquelles il n'y a pas de formation : *l'enthousiasme, l'optimisme et le dynamisme* à toute épreuve pour combattre l'apathie, la résignation et la passivité du dément.

Nous pensons que sans ces changements, il est impossible de respecter la dignité du dément et d'améliorer sa qualité de vie.

BIBLIOGRAPHIE

ADAM S., VAN DER LINDEN M., ANDRES P., QUITTRE A., OLIVIER C., SALMON E. (1999). « La prise en charge en Centre de Jour de patients Alzheimer au stade débutant ». In : P. Azouvi, D. Perrier, M. Van der Linden (Eds). *La rééducation en neuropsychologie : études de cas.* 275-295, Marseille, Solal.

AJURIAGUERRA J., MULLER M., TISSOT R. (1960). « À propos de quelques problèmes posés par l'apraxie dans les démences ». *Encéphale,* 5, 375-41.

ALEXOPOULOS G., ABRAMS R., YOUNG R., SHAMOIAN C. (1988). « Cornell Scale for Depression in Dementia ». *Biological Psychiatry,* 23, 271-284.

ALRIDGE D., ALRIDGE G. (1992). « Two epistemologies : music therapy and medicine in the treatment of dementia ». *Art Psychotherapy,* 19, 243-255.

ALRIDGE D. (1995). « De la musique en tant que thérapie de la maladie d'Alzheimer ». *Alzheimer Actualité, 99, 6-11.*

AMERICAN PSYCHIATRIC ASSOCIATION (1994). *DSM-IV, Manuel diagnostic et statistique des troubles mentaux,* Paris, 4ème éd. Masson.

ATTIAS-DONFUT C., DUMAZEDIER J. (1974). *Les loisirs et les âges de la vie.* Paris, C. N. R. S.

BIDAUT-RUSSELL M., GROSSBERG G.T. (1991). « Relationship between alcohol intake, age of onset and duration of Alzheimer's disease : a pilot survey of 84 autopsy-confirmed cases ». *International Journal of Geriatric Psychiatry.* 6, 797-800.

BLESSED G., TOMLINSON B.E., ROTH M. (1968). « The association between quantitative measures of dementia and of

senile change in the cerebral grey matter of elderly subjects ». *British Journal of Psychiatry*, 114, 797-811.
BODAK A., FISHER C., LESNIEWSKA H. (1990). « Altérations des fonctions cognitives chez le sujet âgé en hôpital de long séjour ». *Semaine des Hôpitaux*, 42, 2341-2343.
BORNAT J. (Ed), (1994). *Reminiscence therapy reviewed : perspectives, evaluations, achievements.* Buckingham, OUP.
BOUISSON J., REINHARDT J.C. (2000). *Seuils, parcours, vieillissement.* Paris, L'Harmattan.
BOURGEOIS M. (1993). « Effects of memory aids on the dyadic conversations of individuals with dementia ». *Journal of Applied Behaviour Analysis.* 26, 77-87.
BOYER A. (1992). *Manuel d'art-thérapie.* Privat, Toulouse.
BUMANIS A., YODER J. (1987). « Music and dance : Tools for reality orientation ». *Activities, Adaptation and Aging*, 10, (1-2), 23-35.
CAMUS V., SCHMITT L. (1995). « Dépression et démence : contribution à la validation française de deux échelles de dépression : „Cornell Scale for Depression in Dementia" et „Dementia Mood Assessment Scale ». *Encéphale*, XXI, 201-208.
CASTAREDE M.F. (1987). *La voix et ses sortilèges.* Paris, Belles Lettres.
CHARATAN F.B. (1986). « An overview of geriatric psychiatry ». *NY State J Med*, 86, 630-634.
CHEMAMA B. (1982). « Dynamique du travail en art-thérapie ». *Psychologie Médicale*, 14, 8, 1249-1254.
CHRISTEN Y. (1996). « Le cas de Kooning ». *Alzheimer Actualités, 112, 1.*
CLAIR A.A., BERNSTEIN B. (1990). « A preliminary study of music therapy programming for severely regressed persons with Alzheimer's type dementia ». *Journal of Applied Gerontology, 9, (3), 299-311.*
CLEMENT J.P., LEGER J.M. (1995). « Prolégomènes à une psychothérapie de la démence ». *Psychologie Médicale*, 27 (3), 150-155.
CLEMENT J.P., BOURLOT D. (1999a). « Alcoolisme et conduites addictives du sujet âgé ». In : Leger J, Clément JP, Wertheimer J (Eds). *Psychiatrie du sujet âgé*, p. 257-270. Paris, Flammarion.
CLEMENT J.P., LEGER J.M. (1996b). « Clinique et épidémiologie de la dépression du sujet âgé ». In : T. Lemperiere

(sous la dir.). *Les dépressions du sujet âgé.* Paris, Masson.
COHEN-MANSFIELD J. (1986 et al.). « Agitated behaviours in the elderly II. Preliminary results in the cognitively deteriorated ». *Journal of American Geriatric Society,* 34, 722-727.
COHEN-MANSFIELD J., MARX M. (1989). « A description of agitation in a nursing home ». *Journal of Gerontology : Medical Sciences,* 44, 3, 77-84.
COHEN-MANSFIELD J., WERNER P. (1997). « Management of verbally disruptive behaviors in nursing home residents ». *Journal of Gerontology : Medical Sciences,* 52 A, 6, 369-377.
COLLECTIF (1994). *Une mémoire pour toute une vie.* Colloque Mémoire et Vie, Versailles.
COLVEZ A., LEDESERT B., RITCHIE K. (1994). *Cantou et long séjour.* Paris, Inserm.
COONS D.H. (1988). « Wandering ». *American Journal of Alzheimer's Disease, 3, 1, 31-35.*
CRIQUILLON-DOUBLET S., DUBOIS A.M., FOULON C., MIRABEL-SARRON. Ch. (1998). « Les thérapies intégratives ». In : Samuel-Lajeunesse, B., Mirabel-Sarron, Ch., Vera L., et al. (Eds.). *Manuel de thérapie comportementale et cognitive, p.* 397-417. Paris, Dunod.
COUZIN J.P. (1993). *Copier-créer. De Turner à Picasso, 300 œuvres inspirés par les maîtres du Louvre,* Paris, Musées Nationaux.
CUMMINGS J.L. (1990). « Noncognitive neuropsychiatric syndromes in Alzheimer's disease ». *Neuropsychiatry Neuropsychol. Behav. Neurol.* 3, 140-158.
CYRULNIK B. (1999). *Un merveilleux malheur.* Paris, Odile Jacob.
CYRULNIK B. (2001). *Les vilains petits canards.* Paris, Odile Jacob.
DALE V., BADEY-RODRIGUEZ C. (2001). « L'évolution des pratiques d'animation à Genève ». *Gérontologie et Société,* 96, 43-57.
DARTIGUES J.F., GAGNON M., MICHEL P. (1991). « Le programme de recherche Paquid sur l'épidémiologie de la démence. Méthodologie et résultats initiaux ». *Revue Neurologique.* 147, 225-230.
DELISLE M.A. (1993). « Les loisirs : de la préretraite au quatrième âge ». *Loisirs et société,* 15, (2), 619- 629.

DELOURME A. (2001*).* Pour une psychothérapie plurielle. Paris, Retz.
DENNER A. (1967). Les ateliers thérapeutiques d'expression plastique. Paris, ESF.
DENNY A. (1997). « Quiet music : an intervention for meal time agitation ». Journal of Gerontological Nursing, 23, 16-23.
DE ROTROU J. (1992). « La stimulation cognitive. Intérêt et limites ». Gérontologie et Société, 62, 91-101.
DE ROTROU J., FRAMBOURT A. (1997). « Stimulation cognitive et plainte mnésique ». In : B. Michel, C. Derouesne, M. Gely-Nargeot (Eds*.)* De la plainte mnésique à la maladie d'Alzheimer, 197-209 Marseille, Solal.
DE ROTROU J., FRAMBOURT, A., DE SUSBIELLE D., GELEE S., VIDAL J.C., PRADAT DIEHL P., FORETTE F. (1999). « La stimulation cognitive ». In : F. Forette. - La maladie d'Alzheimer : prédiction, prevention, prise en charge, p. 125-141, Paris, FNG.
DEROUESNE C. (1999). « Emoussement affectif et maladie Alzheimer ». In : B. F. Michel, J. Touchon, M. P. Pancrazi, J. M. Vreider (Eds) : Affect, Amygdale, Alzheimer p. 179-194. Marseille, Solal.
DE VREESE L.P. NERI M., FIORAVANTI M., BELLOI L., ZANETTI O. (2001). « Memory rehabilitation in Alzheimer's disease : a review of progress ». International Journal of Geriatric Psychiatry, 16, 794-809.
DEWAVRIN P. (1997). « Neuropsychologie et psychanalyse : une rencontre inattendue ». In : M. Grosclaude (sous la dir.). Psychothérapies des démences, p. 47-53. Montrouge, John Libbey Eurotext.
DOYLE C., ZAPAPRONI T., O'CONNÇOR D. et al. (1997). « Efficacy of psychosocial treatments for noisemaking un severe dementia ». International Psychogeriatrics, 8, 405-422.
DRERA H., BROCKER P. (1999). Un « tabou » nommé Alzheimer. Paris, Ellipses.
DUBOIS A.M., GUILIBERT E., BANGE F. (1998). « Evaluation en psychopathologie de l'expression : revue de la littérature ». International Journal of Art Therapy, 2, 16-23.
DUCLOS Ch. (1994). « Atelier- mémoire en institution ». In : Collectif. Une mémoire pour toute une vie. p. 163-167. Colloque Mémoire et Vie, Versailles,
ERICSSON K., HILLERAS P., HOLMEN K. (1994). « The short human figure drawing scale for evaluation of suspect co-

gnitive dysfunction in old age ». *Archives of Gerontology and Geriatrics, 19, 243-251.*
ESPINEL C.H. (1996). « De Kooning's late colours and forms : dementia, creativity, and the healing power of art ». *Lancet*, 347, 1096-1098.
FERRANDO S., LESNIEWSKA H., BODAK A. (1988) « Une expérience originale dans un service de long et moyen séjours : l'atelier de vieilles chansons ». *Gérontologie, 1988, 68, 41-44.*
FOLSTEIN M., FOLSTEIN S., HUGH P. (1975). « Mini-Mental State. A pratical method for grading the cognitive state of patients for the clinician ». *Journal of Psychiatric Research*, 12, 189-198.
FORESTIER R. (2000). *Tout savoir sur l'art-thérapie.* Favre, Lausanne.
FORETTE F. (1997). *La révolution de longévité.* Paris, Grasset.
GAETNER R. (1979). *Thérapie psychomotrice et psychose, la danse et la musique.* Paris, Delachaux et Niestlé.
GAETNER R. (2000). *De l'imitation à la création.* Paris, P.U.F.
GERDNER L.A. (2000). « Music, art and recreational therapies in the treatment of behavioural and psychological symptoms of dementia ». *International Psychogeriatrics.* 12, suppl. 1, 359-366.
GIBBONS A.C. (1977). « Popular music preferences of older people ». *Journal of Music Therapy, 14 (4), 1280-189.*
GIRARD J.F. (2000). *La maladie d'Alzheimer.* Paris, Ministère de l'Emploie.
GROSCLAUDE M. (sous dir) (1997). *Psychothérapies des démences. Quels fondements ? Quels objectifs ?* Montrouge, John Libbey Eurotext.
GRUBAR J.C., IONESCU S., MAGEROTTE G., SAKBREUX R. (1992). *L'intervention en déficience mentale.* Lille, Presses Universitaires.
HAGGERTY A.D. (1990). « Psychotherapy for patients with Alzheimer's disease ». *Advances*, 7, 55-60.
HALL L., HARE J. (1997). « Video respite for cognitive impaired persons in nursing homes ». *American Journal of Alzheimer Disease,* 12, 117-121.
HARLAN J. (1990). « Beyond the patient to the person ; promoting aspects of autonomous functioning in individuals with mild to moderate dementia ». *American Journal of Art Therapy, 28, 99-105.*

HEARD K., WATSON R.T. (1982). « Reducing wandering by persons with dementia using differential reinforcement ». *Journal of Applied Behavior Analysis*, 32, 381-384.

HENRARD J.C., ANKRI J. (1999). *Grand âge de santé publique*. Rennes, ENSP.

HOLDEN U.P., WOODS R.T. (1982). *Reality orientation : psychological approaches to the confused elderly*. Edinbourgh, Churchill Livingstone.

HOPE T., TILLING K., GEDLING K., KEENE J. (1994) « The structure of wandering in dementia ». *International Journal of Geriatric Psychiatry,* 9, 149-155.

HUGUET M. (1983). « Hospice et maison de cure de long séjour comme institution d'ennui ». *Psychologie Médicale,* 15, 8, 1213-1216.

ISRAEL L. (1988). *Entraîner sa mémoire. Guide à l'intention des moniteurs*, Paris : C. P. A.

JAEDICKE M.G. (1957). « Uber musiktherapie ». *Hipokrates*, 28, 11 17.

JOHNSON C., LAHEY P., SHORE A. (1992). « An exploration of creative arts therapeutic group work on an Alzheimer's unit ». *Arts Psychotherapy*, 19, 269-277.

JOUVENT R., PARTIOT A., AMMAR S. (1991). « The dichotomy of anxious agitated/impulsive versus retarded/blunted depression ». In : *International Congress and Symposium series n°183. 5th World Congress of Biological Psychiatry*. Florence, Freeman, 35-45.

KAHN-DENIS K.B. (1997). « Art therapy with geriatric dementia clients ». *Journal of the American Art Therapy Association*. 14, 194-199.

KITWOOD T., BENSON S. (1995). *The new culture of dementia care*. Hawker, London.

KIRITZE-TOPOR P., BENARD J.Y. (2001). *Le malade alcoolique*. Paris, Masson.

KUPPERSCHMITT J. (2000). *La musicothérapie en clinique adulte*. Paris, L'Harmattan.

LAFORESTRIE R. (1991). *L'âge de créer*. Paris, Centurion.

LATHOM W.B., PETERSON M., HARLICEK L. (1982). « Musical preferences of old people attending nutrition sites ». *Educational Gerontology, 8, (2), 155-165*.

LAUBADIA S. (1987). « Le dément et le miroir. A propos de l'expérience d'un groupe de vidéo-confrontation ». *Psychologie Médicale*, 19, 8, 1225-1226.

LEBERT F., PASQUIER F. (1999). « Prise en charge des troubles du comportement ». In F. Forette, Y. Christen, F.

Boller (Eds.) *La maladie d'Alzheimer : prédiction, prévention, prise en charge*, p. 143-153, Paris, FGN.

LECOURT E. (1986). *La pratique de musicothérapie*. Paris, ESF.

LEDANSEURS Y. (Sous la dir.) (1996). *Guide pratique de la mémoire*. Notre Temps, Hors Série, Paris, Bayard.

LEFEBVRE V., RENAUD O., BEAUFILS F. (1991). « Stimulation des fonctions cognitives et de la mémoire en long séjour ». *Psychologie Médicale*, 23, 3, 263-267.

LEGER J.M., CLEMENT J.P., WERTHEIMER J. (1999). *Psychiatrie du sujet âgé*. Paris, Flammarion.

LESNIEWSKA H.K. (1990a). « Atelier d'écoute musicale ». *Gérontologie*, 1990, 4, 41-47.

LESNIEWSKA H.K., LEFEBVRE DES NOETTES V., BODAK A. (1990b). « Atelier de peinture en long séjour ». *Psychologie Médicale*, 22 (10), 1031-1036.

LESNIEWSKA H.K. (1993). « Analyse des besoins socioculturels de patients âgés en institution ». *Années CLEIRPPA*, 218, 1-10.

LESNIEWSKA H.K. (1995). « Rôle de l'expression plastique dans la stimulation des fonctions intellectuelles et sociales des sujets déments ». *Psychologie Médicale*, 27, (4), 250-254.

LESNIEWSKA H.K. (1996). « Prise en charge psychologique des patients déments en long séjour ». In M. Grosclaude (sous la dir.). *Psychothérapies des démences : Quels fondements ? Quels objectifs ?* p. 186-193. Montrouge, John Libbey Eurotext.

LESNIEWSKA H.K. (1997). « Musicothérapie avec des patients atteints de démence sévère ». *La Revue de Musicothérapie*, XVII, 4, 1-10.

LESNIEWSKA H.K. (1998a). « Atelier de danse avec des patients atteints de démence avancée ». *Revue de Psychiatrie et Psychologie Médicale de Langue Française*, 20, 57-59.

LESNIEWSKA H.K. (1998b). « Etude des erreurs dans le dessin d'une maison exécuté par des sujets âgés déments et normaux ». In : M.-C. Gely-Nargeot, K. Ritchie, J. Touchon (Eds.) *Actualités 1998 sur la maladie d'Alzheimer et les syndromes apparentés*. p. 353-362. Marseille, Solal.

LESNIEWSKA H.K. (1999a). « Prise en charge cognitivo-comportementale des patients institutionnalisés atteints

de démence d'Alzheimer avancée ». *Journal de Thérapie Comportementale et Cognitive*, 9, 4, 120-124.
LESNIEWSKA H.K. (1999b). « Prise en charge cognitivo-comportementale d'une patiente atteinte de démence sévère – étude de cas ». *Poster au XXème Congrès de Thérapies Comportementales et Cognitives»*, Paris.
LESNIEWSKA H.K. (2000). « Atelier de mémoire pour des patients âgés en long séjour ». *Evolutions Psychomotrices*, 12 (47), 13-18.
LESNIEWSKA H.K. (2001). « Utilisation de l'échelle de cotation du dessin de la maison chez des sujets âgés ». *Revue Française de Psychiatrie et Psychologie Médicale, V (46), 37-41.*
LESNIEWSKA H.K. (2002). « Atelier de peinture en institution gériatrique : bilan de 18 années et perspectives ». *Colloque « La Personne Âgée en Art-Thérapie : de l'expression au lien social ».* Les Rencontres Internationales de la SIPE, 15-16 mars, Université de Pau.
LESNIEWSKA H.K. (à paraître). « Utilisation de l'échelle de cotation du dessin d'une maison chez des sujets âgés atteints de la maladie d'Alzheimer ». *Revue Française de Psychiatrie et Psychologie Médicale.*
LEVESQUE L., ROUX C. (1990). *Alzheimer, comprendre pour mieux aider.* Ottawa, Renouveau Pédagogique.
LEWINSOHN P., MAC PHILLAMY D. (1973). « The relationship between age and engagement in pleasant activities ». *Journal of Gerontology*, 29, 290-294.
LEWINSOHN P., (1975). « Engagement in pleasant activities and depression level ». *Journal of Abnormal Psychology*, 84, 729-731.
LOGSDON R.G., TERI L. (1997). « The pleasant events schedule-AD : psychometric properties and relationship to depression and cognition in Alzheimer's disease patients ». *Gerontologist*, 37, 40-45.
MAISONDIEU J. (1989). *Le crépuscule de la raison.* Paris, Centurion.
MARIE-CARDINE M., CHAMBON O., MEYER R. (1994). *Psychothérapies, l'approche intégrative et éclectique.* Le Coudrier/ Somatothérapies.
MARIN R.S. (1991). « Apathie : a neuropsychiatric syndrom ». *Journal of Neuropsychiatry.* 3, 243-254.
MARTIN-HYINYADI C.(2000). « Risques et conséquences des chutes chez les déments de type Alzheimer ». *Alzheimer*, 2-5, 5-6.

MEGA M.S., CUMMINGS J.L, FIORELLO T., GORBEIN J. (1996). « The spectrum of behavioural changes in Alzheimer's disease ». *Neurology*, 6, 130-135.
MEMIN Ch. (1992). *Projet de vie avec les personnes âgées et dépendantes en institution.* Paris, Bayard.
MENDEZ M.F., MENDEZ M.A., MARTIN R., SYTH K., WHITEHOUSE P. (1990). « Complex visual disturbances in Alzheimer's disease ». *Neurology*, 40, 439-443.
MERMET G. (2000). *Francoscopie.* Paris, Larousse.
METITIERI T., ZANETTI O., GEROLDI C. et al. (2001). « Reality Orientation Therapy to delay outcomes of progression in patients with dementia. A retrospective study ». *Clinical Rehabilitation*, 15/5, 471-478.
MICAS M., OUSSET P.J., VELLAS B. (1997). « Evaluation des troubles du comportement. Présentation de l'échelle de Cohen-Mansfield ». *Revue Française de Psychiatrie et de Psychologie Médicale.* 7, 151-154.
MICHEL B., DE ROTROU J. (1996). *Stimulation cognitive.* Marseille, Solal.
MOORE V., WYCHEM A. (1984). « Drawing disability in patients with senile dementia ». *Psychologie Medical.* 1114, 97-105.
MOZLEY C.G., HUXLEY P., SUTCLIFFE C., BAGLEY H. et al. (1999). « Not knowing where I am doesn't mean I don't know what I like » : « Cognitive impairment an quality of life responses in elderly people ». *International Journal of Geriatric Psychiatry,* 14, 77-783.
MOYNE-LARPIN Y. (1994). *Musique au fil de l'âge.* Paris, Desclée de Brouver.
MOYNE-LARPIN Y. (1999). *Formation aux pratiques musicales en gérontologie.* Paris, Desclé de Brouver.
MURET M. (1983). *Les art-thérapies.* Paris, Retz.
MYERS-ARRAZOLA L., BIZZINI L. (1998). « Indications, limites et modifications de la psychothérapie cognitive de la démence ». *La Revue Française de Psychiatrie et de Psychologie Médicale*, 20, 88-90.
NEISS (1998). « Des établissements d'hébergement pour personnes âgées ». *SESI Informations rapides.* 102.
OGAY S. (1996). *Alzheimer : communiquer grâce à la musicothérapie.* Paris, Harmattan.
OREGON E. (1992). « Music preferences of the elderly ». *Journal of Music Therapy.* 29 (4), 236-252.

PAÏN S., JARREAU G. (1994). *Sur les traces du sujet. Théorie et technique d'une approche art-thérapeutique.* Paris, Delachaux et Niestlé.

PALMER M. (1989). « Music therapy in gerontology : a review and a projection ». *Music Therapy Perspectives.* 6, 52-56.

PAPADAKOS V. (1986). « Une expérience originale d'atelier d'art-thérapie en milieu gériatrique ». *Psychogériatrie,* 11 (10), 44-448.

PELICIER R.Y. (1992). *Anticipation du déprimé, avenir de la dépression.* Colloque Survector.

PERISSE-FICHOT J. (1983). « Sa majesté vieux et son image ». *Psychologie Médicale,* 15 (12), 1837-1840.

PERRUCHON M. (1994). *Le déclin de la vie psychique.* Paris, Dunod.

PHILIBERT M. (1986). « Créativité et vieillissement ». *Gérontologie,* 58, 52-61.

PLOTON L. (1987). « Quelles peuvent être les liaisons entre les altérations organiques cérébrales, l'affectivité et la sémiologie déficitaire ? » *Psychologie Médicale,* 1987, 19, 1243-1246.

PLOTON L. (1995). *La personne âgée. Son accompagnement psychologique et la question de la démence.* Lyon, Chronique Sociale.

PRADERAS K., MC DONALD M.L. (1986). « Telephone conversational skills training with socially isolated, impaired nursing home residents ». *Journal of Applied Behavior Analysis.* 19, 337-348.

PRAKASH S., MASOND M. (1995). « Depression in long-term care facilities ». *Geriatrics,* 50, Supp 1, 16-24.

REMINGTON R. (1999). Calming music and hand massage with agitated elderly. Unpublished doctoral dissertation, University of Massachusetts, Amherst and Worcester, MA.

RENAUT S. (2001). « Vivre en institution après 75 ans ». *Retraite et Société,* 4, 174-181.

RITCHIE K., NARGEOT C., HERGUETTA T. (1992). « L'hétérogénéité de stades précoces de la démence sénile de type d'Alzheimer ». *Revue de Gériatrie,* 17 (5), 251-257.

RITCHIE K. (1997). *La démence sénile en France.* Paris, Inserm.

RIVEMALE C. (1996). *Musique, thérapie et animation.* Lyon, Chronique Sociale.

RIVIERE B. (1999). « Thérapies comportementales et cognitives en psychogériatrie ». In : G. Ferrey, G. Le Gues. *Psychogérontologie du sujet âgé*, p. 213-227. Paris, Masson.
ROSEN W. (1984). « A new rating scale for Alzheimer's disease- ADAS Alzheimer's Disease Assessment Scale ». *American Journal of Psychiatry*, 141, 11, 1356-1364.
ROUSSEAU J., DENIS M.C., DUBE M. (1995). « L'activité l'autonomie et le bien être des personnes âgées ». *Loisirs et Société*, 18 (1), 93-122.
ROUSSEAU T. (1995). *Communication et maladie d'Alzheimer*. Isbergues, L'Ortho- Edition.
RUBINSTEIN H. (1983). *Psychosomatique du rire*. Paris, Robert Laffont.
SAILLON A., LEGERON P. (1988). « Application institutionnelle de la thérapie comportementale en psychogériatrie ». *Psychologie Médicale,* 20, 13, 1957-1959.
SAILLON A., SAILLON A. (1992). « Prise en charge institutionnelle de la démence. Apports de la thérapie comportementale ». In MF. Maugourd. *Gérontologie fondamentale clinique et sociale*, 2ème partie,p. 789-797.
SCHOOP T. (1974). *Won't you join the dance ? A dancer's essay into the treatment of psychosis*. Palo Alto.
SCHOTT-BILLMAN F. (2001). *Le besoin de danser*. Paris, Odile Jacob.
SCHWABE C.H. (1969). *Musiktherapie bei neurosen und funktionellen Störungen*. Veb G. Fisher Verlag, Jena.
SELYE H. (1974). *Stress without distress*. Londres, Hodder et Strangton.
SHERIDAN C. (1996). *Combattre la maladie d'Alzheimer. Exercices et activités pour aider la personne atteinte*. Montréal, Le Jour.
SKA B., NESPOULOS J.L. (1987). « Human figure and bicycle drawing by normal aged subjects and Alzheimer type patients ». *Journal of Clinical et Experimental Neuropsychology, 9 (3), 261*.
SKA B. (1991). « Fonctions visuospatiales et praxiques dans la démence de type Alzheimer ». In : M. Habib, D. Joanette. *Démences et syndromes démentiels, p.* 189-200. Paris, Masson.
SMITH S. (1990). « The unique power of music therapy benefits Alzheimer's patients ». *Activities, Adaptation and Aging*, 14 (4), 59-63.

SMITH S. (1992). « Treatment of dementia : healing through cultural arts ». *Pride Instit J Long Term Home Health Care*, 11, 37-45.
SOLOMON K., SZWAB P. (1992). « Psychotherapy for patients with dementia ». In : JE, Morley, M. Coe, GT. Grosberg (Eds). *Memory function and aging-related disorders, p.* 295-319. New York, Springer.
STUCKENSCHMIDT S. (1981). *Ravel. Variations sur l'homme et l'œuvre.* Paris, Lattès.
SUDRES J. (1993). *Echelle clinique de thérapies médiatisées.* ECTM Issy Les Moulinaux, EAP.
SUDRES J.L. (1996). « L'évaluation et la psychométrie de l'art- thérapie : synopsis et recherches prospectives ». *Psychologie et Psychométrie.* 1996, 17, 4,
SUTTER J., BERTA F. (1991). *L'anticipation et ses applications cliniques.* Paris, P. U. F.
TAULBEE L., FOLSOM J. (1966). « Reality Orientation for geriatric patients ». *Hospital and Community Psychiatry*, 17, 133-135.
TERI L., Gallagher-Thompson D. (1991a). « Cognitive-behavioural interventions for treatment of depression in Alzheimer's patients ». *Gerontologist*, 31 (3), 413-416.
TERI L., LOOGSDON R. (1991b). « Identifying pleasant activities for Alzheimer's disease patients : The Pleasant Events Schedule-AD ». *Gerontologist, 31, 124-127.*
THOMAS Ph., BOUCHER C., CLEMENT J.P., Hazif-Thomas C. (2000). « Famille, maladie d'Alzheimer et symptômes négatifs ». *Revue Française de Psychiatrie et de Psychologie Médicale.* IV, (37), 39-45.
THOMPSONH L., WAGNER B., ZEISS A., GALLAGHER D. (1991). « Cognitive behavioral therapy with early stage Alzheimer's patients : An exploratory view of the utility of this approach ». In : W. A. Mayers (Eds). *New techniques in the psychotherapy of older patients*, p. 383-396. Washington, DC, American Psychiatric Press.
TZORTZIS C., BOLLER F. (1991). « Le Mini-Mental State : Intérêt et limites d'un test d'évaluation rapide des fonctions cognitives », *Revue de Neuropsychologie*, 1991, 1, 5, 55-71.
VAN DER LINDEN M., HUPET M. (1994). *Le vieillissement cognitif.* Paris, P. U. F.
VAN DER LINDEN M., JUILLERAT A.C. (1998). « Prise en charge des déficits cognitifs chez les patients atteints de

maladie d'Alzheimer ». *Revue Neurologique*, 154 (2S), 137-143.
VAYSSE J. (1997*).* La Danse-Thérapie. Histoire, Techniques, Théorie*. Paris, Desclée De Brouver.
VERDEAU-PAILLES J. (1981). *Le bilan psycho-musical et la personnalité.* Courlay, Fuzeau.
VIDAL J.C., LAVIELLE-LETAN S., FLEURY A., DE ROTROU J. (1998). « Stimulation cognitive et psychosociale des patients déments en institution ». *Revue de Gériatrie*, 3, (3), 199-207.
VOLMAT R. (1965*). L'art psychopathologique.* Paris, P. U. F.
WADE F. (1987). « Music and movement for the geriatric resident ». *Activities, Adapation and Aging*, 10, (1-2), 37-46.
WALD J. (1983). « Alzheimer's disease and the role of art therapy in its treatment ». *American Journal of Art Therapy, 22, 57-64.*
WERTHEIMER J. (1985). « L'animation dans les services de psychogériatrie ». *Revue de Gériatrie, (1985), 10, 7, 2.*
WERTHEIMER J. (1995). « Psychothérapies des démences : mythe ou réalité ? » *Psychologie Médicale*, 27, 3, 127-131.
WIART C. (1967). *Expression picturale et psychopathologique. Essai d'analyse et d'automatique documentaire*, Paris, Doin.
WIART C. (1993). « Autour d'une exposition ». *Psychologie Médicale,* 25 (9), 919-922.
WINNICOTT D.W. (1971). *Jeu et réalité.* Paris, Gallimard.
YESAVAGE J.A., BRINK T.L., ROSE T.S. et al. (1983). « Developpment and validation of a geriatric depression screening scale : a preliminary report ». *Journal of Psychiatric Research*, 17, 37-49.
YLIEFF M., BRACH B., RONVAUX B. (1988). « Le traitement des troubles de l'orientation dans l'espace familier dus aux états démentiels de la vieillesse ». In : L. Levesque, O. Marot (Eds). *Un défi simplement humain,* p. 4-23. Montréal, Renouveau Pédagogique.
YLIEFF M., GYSELYNC F. (1989). « Approche comportementale des états démentiels de la vieillesse ». In : O. Fontaine, J. Cottraux, R. Ladouceur. *Cliniques de thérapie comportementale,* p. 185-199. Liège, Mardaga.
YLIEFF M. (1994). « Évaluation et réadaptation des troubles de l'habillage dans les états démentiels ». In : D. Le Gall, G. Aubin (Eds). *L'apraxie,* p. 233-249. Marseille, Solal.

YLIEFF M. (1999). « Prise en charge des états démentiels : les approches comportementales ». In : B.F. Michel, J. Touchon, M.P. Pancrazi (Eds). *Affect, Amygdale, Alzheimer.* p. 269-287. Marseille, Solal,

YLIEFF M. (2000). *Prise en charge et accompagnement de la personne démente.* Bruxelles, Editions Kluwer.

ADRESSES UTILES

Organisations

FRANCE ALZHEIMER ET MALADIES APPARENTEES
   21, bd Montmartre- 75002 Paris. Tel : 01-42-96-04-70

LIONS ALZHEIMER
   31 rue Cambon, 92250 La Garenne-Colombes.
   Tel : 01-47-82-89-01

Associations professionnelles de thérapeutes

ASSOCIATION FRANÇAISE DE THERAPIE COMPORTEMENTALE ET COGNITIVE
   100, rue de la Santé-75014 Paris. Tel. 01-45-88-78-60

SOCIETE FRANÇAISE DE PSYCHOPATHOLOGIE DE L'EXPRESSION ET D'ART THERAPIE
   7, Villa Jules Laforgue, 75019 Paris. Tel 01 42 06 70 25

CENTRE D'ETUDE DE L'EXPRESSION
   Clinique des Maladies Mentales et de l'Encéphale
   CHS Sainte Anne, 100, rue de la Santé 575014 Paris.
   Tel. 01-45-89-21-51.

ASSOCIATION FRANÇAISE DE MUSICOTHERAPIE
   C. F. C. Université Paris V- Secrétariat
   45, rue des Saints-Pères 75006 Paris.
   Tel : 01-42-86-20-99.

Stages de formation sur la démence

FONDATION NATIONALE DE GERONTOLOGIE
    49, rue Mirabeau
    75016 Paris, Tel. 01-45-25-92-80
    « Programmes d'activation cérébrale »

ASSOCIATION DE RECHERCHES ET D'APPLICATION DES TECHNIQUES PSYCHOMUSICALES.
    49, avenue Aristide Briand- BP 155
    93160 Noisy Le Grand. Tel : 01-49-32-11-62
    « Techniques musicales en gériatrie »

HENRYKA KATIA LESNIEWSKA – AUTEUR DE CE VOLUME
    16, rue Saint Ferdinand, 75017 Paris,
    Tel-Fax. 01-53-81-03-49
    « Ateliers thérapeutiques et démence »
    Formation à la création et l'animation d'ateliers d'art-thérapie, de musicothérapie, de danse-thérapie et de mémoire.

POSTFACE

Bertrand Samuel-Lajeunesse[1]

L'ouvrage de Madame Lesniewska vient à point pour redonner de l'espoir à tous ceux qui travaillant dans les institutions gériatriques, éprouvent le besoin d'acquérir des techniques thérapeutiques dont l'efficacité en ces domaines apparaît pertinente.

L'intérêt de méthodes psychothérapeutiques utilisables chez les vieillards est d'autant mieux venue que le vieillissement de la population augmente. La possibilité de retarder des déficits cognitifs et d'en rattraper certains offre des perspectives importantes. De surcroît, les techniques prônées par l'auteur ont le double intérêt, d'une part, de donner à leurs bénéficiaires une motivation à vivre et peuvent, d'autre part, changer le climat des institutions gériatriques en donnant aux soignants un regain d'intérêt à leur travail.

Loin de tout sectarisme, loin de toute hégémonie théorique, Madame Lesniewska offre aux soignants, quelles que soient leurs qualifications de départ, des possibilités thérapeutiques variées ayant en commun le fait d'être éminemment pratiques. Il s'agit de véritables psychothérapies intégratives, alliant des techniques de stimulations utiles autant dans les déficits cognitifs sévères, en particulier sur le plan mnésique, que sur l'état thymique et plus généralement sur le comportement des sujets âgés. La grande part donnée à

---

[1] Professeur de psychiatrie, Université René Descartes-Paris V, président du Centre d'Etude de l'Expression

l'art-thérapie est à souligner, qu'il s'agisse d'ateliers de peinture, de musique ou de danse.

Cet ouvrage, écrit simplement, reflète la grande expérience de son auteur. Il est éclairé par les relations de nombreux cas cliniques et comporte une excellente bibliographie qui sera très utile à ceux qui souhaitent compléter leur information.

Dans un temps où vont se multiplier les institutions gériatriques bien différentes des mouroirs d'antan, on ne peut que recommander fortement la diffusion de ce livre.

TABLE DES MATIERES

REMERCIEMENTS 5
PREFACE 7

INTRODUCTION 9

PREMIERE PARTIE : PSYCHOTHERAPIES DES DEMENCES 13

CHAPITRE 1 SEMIOLOGIE ET EPIDEMIOLOGIE DES DEMENCES 15
CHAPITRE 2 DIFFERENTES APPROCHES DES DEMENCES 19
CHAPITRE 3 NOTRE DEMARCHE : PSYCHOTHERAPIE INTEGRATIVE 23

DEUXIEME PARTIE : SERVICE DE LONG SEJOUR 29

CHAPITRE 4 DESCRIPTION DU SERVICE DE LONG SEJOUR 31
CHAPITRE 5 BESOINS SOCIOCULTURELS DES PATIENTS EN LONG SEJOUR 39

TROISIEME PARTIE : ATELIERS THERAPEUTIQUES 43

CHAPITRE 6 ATELIER DE MEMOIRE 45
CHAPITRE 7 ATELIER DE MUSICOTHERAPIE 57
CHAPITRE 8 ATELIER DE DANSE THERAPIE 71
CHAPITRE 9 ATELIER D'ART-THERAPIE 81
CHAPITRE 10 ETUDE DE CAS 97

CONCLUSIONS 109

BIBLIOGRAPHIE 113
ADRESSES UTILES 127
POSTFACE 129

LISTE DES ANNEXES

ANNEXE 1 – EXERCICES DE L'ATELIER DE MEMOIRE 53
ANNEXE 2 – MATERIEL POUR L'ATELIER DE MEMOIRE 56
ANNEXE 3 – ENTRETIEN PSYCHOMUSICAL 69
ANNEXE 4 – EXEMPLE DE DEUX PROGRAMMES DE
    MUSICOTHERAPIE POUR LES PATIENTS 70
ANNEXE 5 – EXEMPLES DE DEUX PROGRAMMES DE DANSE
    POUR LES PATIENTS DEMENTS 79
ANNEXE 6 – CATALOGUES ET LIVRES D'ART 95

LISTE DES OBSERVATIONS

OBSERVATION 1 – MADAME R. : ATELIER DE MEMOIRE 51
OBSERVATION 2 – MADAME M. : ATELIER DE
    MUSICOTHERAPIE 67
OBSERVATION 3 – MONSIEUR D. : ATELIER DE DANSE-
    THERAPIE 77
OBSERVATION 4 – MADAME A. : ATELIER D'ART-
    THERAPIE 93

LISTE DES TABLEAUX

TABLEAU 1 – ÉVALUATION DES SCORES AVANT ET APRES LA THERAPIE : MOYENNES ET (ECART-TYPE)............27
TABLEAU 2 – CARACTERISTIQUES GENERALES DE LA POPULATION EN LONG SEJOUR.............................33
TABLEAU 3 – MOTIFS D'ADMISSION EN LONG SEJOUR...........34
TABLEAU 4 – ANTECEDENTS PSYCHIATRIQUES. 35
TABLEAU 5 – CARACTERISTIQUES DE LA POPULATION PRISE ET NON PRISE EN CHARGE PSYCHOLOGIQUE : POURCENTAGES EN MOYENNES 36
TABLEAU 6 – MOTIFS D'ABSENCE DE PRISE EN CHARGE DES PATIENTS 37
TABLEAU 7 – ACTIVITES CHOISIES PAR LES PENSIONNAIRES. 42
TABLEAU 8 – CARACTERISTIQUES DES PARTICIPANTS DE L'ATELIER DE MEMOIRE. 49
TABLEAU 9 – CARACTERISTIQUES DES PARTICIPANTS DE L'ATELIER DE MUSICOTHERAPIE.........................64
TABLEAU 10 – CARACTERISTIQUES DES PARTICIPANTS DE L'ATELIER DE DANSE-THERAPIE 75
TABLEAU 11 – CARACTERISTIQUES DES PARTICIPANTS DE L'ATELIER D'ART-THERAPIE.............................89
TABLEAU 12. RESULTATS DE LA THERAPIE DE MME C. 107

647676 - Avril 2016
Achevé d'imprimer par